हिन्दी भाषा की आधुनिक प्रामाणिक वर्तनी

डॉ० सच्चिदानन्द शुक्ल

एम०ए०, पी-एच० डी० (हिन्दी), साहित्यरत्न (संस्कृत)

यूनीकॉर्न बुक्स

प्रकाशक
यूनीकॉर्न बुक्स
F-2/16, अंसारी रोड, दरियागंज, नई दिल्ली-110002
☎ 23275434, 23272783/84 • फैक्स: 011-23257790
E-mail: unicornbooks@vsnl.com
Website: www.unicornbooks.in

विक्रय केन्द्र

- 10-बी, नेताजी सुभाष मार्ग, दरियागंज, नई दिल्ली-110002
  ☎ 23268292, 23268293, 23279900 • फैक्स: 011-23280567
  E-mail: salespmahal@airtelmail.in • rapidexdelhi@indiatimes.com
- 6686, खारी बावली, दिल्ली-110006
  ☎ 23944314, 23911979

बंगलुरु: ☎ 080-22234025 टेलीफैक्स: 080-22240209
E-mail: pustak@airtelmail.in • pustak@sancharnet.in

मुंबई: ☎ 022-22010941, 022-22053387
E-mail: rapidex@bom5.vsnl.net.in

पटना: ☎ 0612-3294193 • टेलीफैक्स: 0612-2302719
E-mail: rapidexptn@rediffmail.com

हैदराबाद: टेलीफैक्स: 040-24737290
E-mail: pustakmahalhyd@yahoo.co.in

ISBN 978-81-7806-198-6

संस्करण : अप्रैल, 2010

मुद्रक : यूनिक कलर कॉर्टन, मायापुरी, दिल्ली-110064

समर्पण

व्याकरण, न्याय और वेदान्त के प्रकाण्ड पण्डित पितामह
आचार्य स्व० श्री विद्याधर शुक्ल 'पोष्टाचार्य'
के अमूर्त पावन चरणों में
जिनके कृपा प्रसाद से मैंने व्याकरण का क, ख, ग सीखा।

अनुक्रम

विषय-प्रवेश

जब मैं छोटी कक्षाओं में पढ़ता था (दर्जा 4-5 में) तब हिन्दी भाषा के अध्यापकजी हिन्दी वाक्यों को लिखवाते समय उसकी मात्राओं, शब्दों और अक्षरों को किस प्रकार (किस रूप में) लिखा जाये, इस पर बहुत, ध्यान देते थे और प्रत्येक विद्यार्थी की समझ में आ जाये, इसके लिए उसे श्यामपट्ट पर लिख दिया करते थे। इसके अतिरिक्त 'हमारा सुलेख' नामक एक अभ्यास पुस्तिका भी चलती थी, जिसमें मोटे अक्षरों में कुछ वाक्य लिखे होते थे, वही वाक्य दूसरी पंक्ति में बिन्दुओं से बने उसी आकार (फाण्ट) के अक्षर लिखे होते थे, जिन पर सरकण्डे की कलम से हूबहू लिखना पड़ता था तथा तीसरी पंक्ति बिलकुल खाली होती थी, जिस पर प्रथम पंक्ति की हूबहू नकल करनी पड़ती थी। जो विद्यार्थी सबसे सुन्दर नकल करता था, उसे अच्छा माना जाता था। इस प्रक्रिया से जहाँ विद्यार्थियों को सुन्दर अक्षर लिखने का अभ्यास होता था, वहीं उन्हें अक्षरों, शब्दों, वाक्यों, मात्राओं आदि का समुचित ज्ञान होता था। अभ्यासवशात् वे ही मात्राएँ, अक्षर और शब्द मानस में स्थिर होते जाते थे, जो आगे लिखने में सहायक होते थे।

आगे की कक्षाओं में (दर्जा 6 से 8 तक) संस्कृत के धातु व क्रिया रूपों, हिन्दी भाषा के अन्य अक्षरों, शब्दों वाक्यों, विराम चिह्नों आदि का ज्ञान-विस्तार होता गया और वे बातें मस्तिष्क में दृढ़मूल होती गयीं। सब कुछ ठीक चलता रहा। हाई-स्कूल से एम०ए० (हिन्दी) तथा हिन्दी में ही पी-एच०डी० करने तक कहीं कोई दिक्कत नहीं हुई। पी-एच०डी० करते ही एक संस्कृत विद्यापीठ में शास्त्री कक्षाओं में हिन्दी प्राध्यापक के रूप में लगातार छः वर्षों तक सुचारु रूप से सफल अध्यापन भी किया। उसके बाद लगभग 12 वर्षों तक विभिन्न प्रतिष्ठित दैनिक समाचार-पत्रों में सम्पादकीय

विभाग के विभिन्न पदों पर कार्य किया। उसके बाद एक आध्यात्मिक पत्रिका में भी नौ वर्षों तक सम्पादन कार्य किया, जिसमें अनेक प्रतिष्ठित साहित्यकारों, लेखकों व विद्वानों के सम्पर्क में रहा, किन्तु हिन्दी लेखन में कभी-भी, कहीं से कोई समस्या नहीं आयी। इसके विपरीत जब सन् 2007 में दिल्ली के प्रतिष्ठित प्रकाशन-संस्थान 'पुस्तक महल' में हिन्दी सम्पादक के रूप में कार्य आरम्भ किया, तो हिन्दी की वर्तनी से सम्बन्धित अनेक आपत्तियाँ व प्रश्न मेरे समक्ष आते गये, क्योंकि दिल्ली के प्राय: सभी प्रकाशक मात्राओं का प्रयोग वर्णों के ऊपर मात्र बिन्दी (-ं-) डालकर करते हैं। उदाहरणार्थ-सम्बन्ध के लिए संबंध, अन्त के लिए अंत, आनन्द के लिए आनंद आदि। चन्द्रबिन्दु (ँ) का प्रयोग प्राय: बिलकुल ही नहीं करते।

मन में विचार आते गये, 'वर्तनी' के बारे में कुछ लिखने की इच्छा बलवती और दृढ़मूल होती गयी और उसी इच्छा का परिणाम है, यह पुस्तक। इसमें हिन्दी भाषा के देवनागरी लिपि में लिखे गये वर्तनी के रूपों पर अपनी बुद्धि व ज्ञान के आधार पर विचार किया गया है तथा वर्तनी का एक सर्वमान्य रूप देने की चेष्टा की गयी है। इस पुस्तक को प्रकाशित करने के लिए मैंने यूनीकॉर्न बुक्स प्रा० लि० के प्रकाशक डा० अशोक गुप्त से जब चर्चा की, तो उन्होंने सहर्ष इस पुस्तक को प्रकाशित करने की स्वीकृति प्रदान कर दी। अत: यह पुस्तक उन्हीं के श्रेय से प्रकाशित हो रही है। उन्हें धन्यवाद देना कोरी परम्परा ही होगी।

पुस्तक कैसी है, यह तो सुधी पाठक व विद्वान् ही बता सकेंगे, सामान्य पाठक और विद्यार्थी तो इसका अनुसरण ही कर सकते हैं। पुस्तक के बारे में आपके सुझाव सादर आमन्त्रित हैं।

- डॉ0 सच्चिदानन्द शुक्ल

महाशिवरात्रि — मो०- 9350724640

सन् 2010 ई० — *E-mail:* unicornbooks@vsnl.com

अध्याय-एक

भाषा

भाषा, व्याकरण लिपि और वर्तनी

'**भा**षा' वह साधन है, जिसके द्वारा मनुष्य अपने विचार दूसरों पर भलीभाँति प्रकट करता है और दूसरों के विचार स्वयं स्पष्टरूप से समझ सकता है। मनुष्य के कार्य उसके विचारों से उत्पन्न होते हैं और इन कार्यों में दूसरों की सहायता अथवा सम्मति प्राप्त करने के लिए उसे वे विचार दूसरों पर प्रकट करने पड़ते हैं। इस प्रकार संसार का प्रत्येक व्यवहार बोलचाल अथवा लिखा-पढ़ी से चलता है। अतः 'भाषा' जगत् के व्यवहारकार्य का 'मूल' है।

जिस शास्त्र में शब्दों के शुद्ध रूप और प्रयोग के नियमों का निरूपण होता है, उसे 'व्याकरण' कहते हैं। 'व्याकरण' के नियम प्रायः लिखी हुई 'भाषा' के आधार पर निश्चित किये जाते हैं, क्योंकि उनमें शब्दों का प्रयोग बोली हुई भाषा की अपेक्षा अधिक सावधानी से किया जाता है। 'व्याकरण' अर्थात् 'वि+आ+करण' शब्द का अर्थ है- 'भलीभाँति समझाना।

'व्याकरण' भाषा के अधीन होता है और भाषा के ही अनुसार बदलता रहता है। अर्थात् व्याकरण के नियम सदा स्थिर नहीं रहते। वैयाकरण का कार्य यह नहीं है कि वह अपनी ओर से नियम बनाकर 'भाषा' में परिवर्तन कर दे। वह मात्र इतना ही कह सकता है कि अमुक प्रयोग अधिक शुद्ध है अथवा इस शब्द का प्रयोग अधिकता से किया जाता है, अतः इसका प्रयोग ही ठीक है। किन्तु उसकी इस सम्मति को मानना या न मानना सभ्य व सुशिक्षित लोगों की इच्छा पर निर्भर है। 'व्याकरण' के सम्बन्ध में यह बात ध्यान देने योग्य है कि 'भाषा' को नियमबद्ध करने के लिए 'व्याकरण' नहीं बनाया जाता वरन् 'भाषा' पहले बोली जाती है, अर्थात् भाषा की उत्पत्ति पहले होती है और उसके आधार पर 'व्याकरण' की उत्पत्ति होती है। व्याकरण

और छन्दशास्त्र निर्माण के बरसों पूर्व भाषा व काव्य की रचना हुई रहती है। व्याकरण की सहायता हम केवल शब्दों का शुद्ध प्रयोग जानकर, अपने विचार स्पष्ट रूप से प्रकट कर सकते हैं, जिससे किसी भी विचारवान् व्यक्ति को उसके समझने में कठिनाई या सन्देह न हो।

व्याकरण न पढ़कर भी लोग शुद्ध-शुद्ध बोलना और लिखना सीख लेते हैं। अनेक अच्छे लेखक व्याकरण नहीं जानते या व्याकरण जानकर भी लिखने में उसका उपयोग नहीं करते। उन्होंने अपनी मातृभाषा का लिखना अभ्यास से सीखा है। शिक्षित व्यक्तियों की सन्तानें बिना व्याकरण जाने शुद्ध भाषा सुनकर ही, शुद्ध बोलना सीख लेती हैं, किन्तु अशिक्षित व्यक्तियों के बच्चे व्याकरण पढ़ लेने पर भी प्रायः अशुद्ध ही बोलते-लिखते हैं। यदि छोटा लड़का कोई वाक्य शुद्ध नहीं बोलता, तो उसकी माँ उसे व्याकरण का नियम नहीं समझाती, अपितु शुद्ध वाक्य बता देती है और लड़का वैसा ही बोलने लगता है।

'भाषा' एक समुदाय से अर्जित व्यवहार है। भाषा का अध्ययन उस समुदाय की स्वीकृत मर्यादा, प्रयोग, अर्थ और उद्देश्य को ध्यान में रखकर ही करना उचित है। 'भाषा' परस्पर व्यवहार का एक सक्रिय साधन है, वह स्वयं में एक पूर्ण साधन है। उसके लिए किसी अन्य सहारे की आवश्यकता नहीं है। व्याकरण का उद्देश्य है- भाषा के शब्दों का विश्लेषण करना, अशुद्ध शब्दों से शुद्ध शब्दों को छाँटना या अलग करना और भाषा को विकृत होने से बचाना।

भाषा को मानक बनाने में व्याकरण की भूमिका

प्रारम्भिक अवस्था में प्रत्येक भाषा में अनेकरूपता होती है। लोग अपनी सुविधा के अनुसार शब्दों, पदों, ध्वनियों, और वाक्यों को तोड़ते-मरोड़ते हैं, नियमों का विशेष ध्यान नहीं रखा जाता। ऐसी स्थिति में भाषा में भ्रान्तियाँ उत्पन्न हो जाती हैं। जैसे- देवनागरी लिपि में- अ, म्र, क्त, त्क, ल, ल आदि विभिन्न रूप प्रचलित रहे। 'व्याकरण' उस रूप को मान्यता देता है, जिसे अधिकांश शिक्षित लोग प्रयोग करते हैं। इस प्रकार 'भाषा' में शुद्धता, स्थिरता और मानकता आ जाती है।

'व्याकरण' स्वयं नियम गढ़कर भाषा को अपने अनुसार चलने के लिए बाध्य नहीं करता। अपितु वह भाषा के प्रचलित रूपों में से नियम ढूँढ कर एक नियमावली तैयार करता है। 'व्याकरण' भाषा के प्रचलित रूप का अनुकरण करता है, 'भाषा' व्याकरण का अनुकरण नहीं करती। जब कभी 'भाषा' के प्रचलित रूप में अन्तर आ जाता है, तो व्याकरण को भी उसी के अनुसार बदल दिया जाता है।

व्याकरण में भाषा का विश्लेषण निम्नलिखित स्तरों पर किया जाता है-

(1) ध्वनि तथा उच्चारण के स्तर पर

(2) लिपि और वर्तनी के स्तर पर

(3) शब्द के स्तर पर

(4) पद के स्तर पर

(5) वाक्य रचना के स्तर पर

(6) अर्थ के स्तर पर

लिपि

'लिपि' शब्द का शाब्दिक अर्थ है- लीपना, लिखना, लिखावट, लिखित अक्षर आदि। इस प्रकार लिखे हुए सभी अक्षर 'लिपि' कहलाते हैं।

मनुष्य की भाषा की भाँति, लिखने की कला की उत्पत्ति भी विचारों के प्रकटीकरण (अभिव्यक्ति) के लिए ही हुई। मनुष्य ने अपनी मौखिक भाषा की ध्वनियों को 'लिपि-चिह्नों का रूप प्रदान करने के उद्देश्य से ही विशेष रेखा-चिह्नों की खोज की, जिससे 'लिपि' की उत्पत्ति हो गयी। मनुष्य ने लिपि-चिह्नों को सुव्यवस्थित बनाने के उद्देश्य से रेखा-चिह्नों को सुधारने के लिए जो प्रयास किये, उनसे ही लिपि का विकासक्रम बढ़ता गया, जो निम्नांकित है-

(1) चित्र लिपि (2) सूत्र लिपि (3) प्रतीकात्मक लिपि (4) भावमूलक लिपि (5) भाव-ध्वनिमूलक लिपि (6) ध्वनिमूलक लिपि

भाषा के लिखित रूप के लिए जो प्रयास किये गये, वह ध्वनिमूलक लिपि की खोज के साथ पूर्ण हो गया। इस प्रकार मनुष्य के लिपि-विकास की अन्तिम तथा सबसे उपयोगी कड़ी ध्वनिमूलक लिपि है। इस लिपि में ध्वनि-चिह्नों के रूप में जिन रेखा-चिह्नों को स्वीकार किया गया, उनकी सहायता से सहजतापूर्वक भाषा लिखी जा सकती है और उसके माध्यम से संक्षेप में बहुत कुछ व्यक्त किया जा सकता है।

इस ध्वनिमूलक लिपि में प्रत्येक रेखा-चिह्न एक-एक ध्वनि-चिह्न बन कर रहता है। हिन्दी, अरबी, अँग्रेजी आदि भाषाओं की लिपियाँ ध्वनिमूलक ही हैं। इसीलिए देवनागरी लिपि, फारसी लिपि, अरबी लिपि, रोमन लिपि आदि लिपियाँ ध्वनिमूलक लिपियाँ हैं।

ध्वनिमूलक लिपि भी दो प्रकार की है-

(1) अक्षरात्मक लिपि और (2) वर्णात्मक लिपि।

(1) **अक्षरात्मक लिपि**- अक्षरात्मक लिपि में रेखा-चिह्न किसी अक्षर को व्यक्त करता है। देवनागरी लिपि के अक्षरात्मक लिपि होने के कारण, उसका प्रत्येक ध्वनि-चिह्न अर्थात् रेखा-चिह्न अक्षर ही होता है। नागरी लिपि में 'अ', 'आ', इ, ई, उ, ऊ, ए, ऐ, ओ, औ में सभी 'स्वर-चिह्न' अक्षर ही हैं। साथ में सभी व्यंजन ध्वनियाँ भी अक्षर के रूप में ही लिखी जाती हैं। जैसे- 'क'। इस रेखा-चिह्न में 'क्+अ' इन दो वर्णों का मेल रहता है। इसलिए 'क' रेखा-चिह्न अर्थात् 'ध्वनि-चिह्न' अक्षर है।

(2) **वर्णात्मक लिपि** - वर्णात्मक लिपि में प्रत्येक वर्ण स्वतन्त्र रूप से लिखा जाता है। जैसे - रोमनलिपि में 'K' रेखा-चिह्न लिखा गया, तो वह एक वर्ण होगा, न कि दो वर्णों का मेल। इसीलिए देवनागरी में 'रानी' शब्द दो अक्षरात्मक होगा, लेकिन रोमन लिपि में वही शब्द चार वर्णों (Rani) का होगा। इसलिए वर्णात्मक लिपि की महत्त्वपूर्ण विशेषता यह है कि उसमें जो भी शब्द लिखा जाता है, उस शब्द में प्रत्येक वर्ण स्वतन्त्र दिखायी देता है।

इस प्रकार स्पष्ट है कि लिपि के विकासक्रम में सबसे पहली 'चित्रलिपि' है और विकसित अन्तिम लिपि 'वर्णात्मक ध्वनिमूलक लिपि' है, जिसे सर्वाधिक मान्यता प्राप्त हुई है।

देवनागरी लिपि

नागरी लिपि को 'देवनागरी लिपि' भी कहा जाता है। यह लिपि ब्राह्मीलिपि से उत्पन्न हुई। दक्षिण भारत में नागरी लिपि को ही 'नन्दिनागरी' लिपि कहते हैं। उत्तर भारत में इसका प्रयोग नवीं शताब्दी से क्रमबद्ध रूप में पाया जाता है। नागरी लिपि में सबसे प्राचीन लेख सातवीं-आठवीं शताब्दी के भी पाये गये हैं। दसवीं शताब्दी से ग्यारहवीं शताब्दी तक इसका विकास हुआ। उत्तरी प्राचीन भारत में यह लिपि अधिक प्रचलित थी। पन्द्रहवीं शताब्दी से लगातार अब तक देवनागरी लिपि का रूप प्रायः स्थिर रहा है। नागरीलिपि 'स्वर-चिह्नों', व्यंजन-चिह्नों, स्वर-मात्रा चिह्नों आदि पर आधारित है और ऊपर से बायें से दायें लिखी जाने वाली 'अक्षरात्मक लिपि' है।

देवनागरीलिपि की विशेषताएँ

(1) देवनागरी ही एक ऐसी लिपि है, जिसमें स्वर ध्वनियों और व्यंजन ध्वनियों के लिए भी अलग-अलग रेखा (लिपि) चिह्न हैं। 'क्ष, त्र, ज्ञ' इन संयुक्त व्यंजनों के लिए भी पृथक् रेखा चिह्न (लिपि चिह्न) हैं।

(2) बिन्दु प्रधान फारसी लिपि के प्रभाव के कारण देवनागरी में क़, ख़, ग़, ज़, फ़, ड़, ढ़' इन नुक्तावाली ध्वनियों के लिए भी लिपि चिह्नों की सुविधा है।

(3) अँग्रेजी भाषा के प्रभाव के कारण देवनागरी में 'ऑ' इस नये स्वर के लिए भी लिपि चिह्न है।

(4) देवनागरी लिपि में सभी स्वर लिपि चिह्न, मात्रा लिपि चिह्न और व्यंजन लिपि चिह्न इस प्रकार हैं-

स्वर लिपि चिह्न- अ, आ, इ, ई, उ, ऊ, ए, ऐ, ओ, औ, ऑ।

मात्रा लिपि चिह्न- ा, ि, ी, ु, ू, े, ै, ो, ौ, ॉ।

मूल स्वर लिपि चिह्न - क्, ख्, ग्, घ्, ङ्

तालव्य ,, ,, - च्, छ्, ज्, झ्, ञ्

मूर्धन्य ,, ,, - ट्, ठ्, ड्, ढ, ण्

दन्त्य ,, ,, - त्, थ्, द्, ध्, न्

ओष्ठ्य व्यंजन लिपि चिह्न - प्, फ्, ब्, भ्, म्

अन्तस्थ ,, ,, - य्, र्, ल्, व्

ऊष्म ,, ,, - श्, ष्, स्, ह्

संयुक्त ,, ,, - क्ष्, त्र्, ज्ञ्

अन्य ,, ,, - क़, ख़, ग़, ज़, फ़, ड़, ढ़।

(5) देवनागरी लिपि में लगभग सभी अँग्रेजी विराम चिह्नों के लिए अलग-अलग चिह्न हैं- पूर्ण विराम (।), अल्प विराम (,) , अर्द्ध विराम (;), विस्मय चिह्न (!), प्रश्न चिह्न (?), अवतरण चिह्न (" " ' ') आदि।

(6) अंकों के लिए दो प्रकार के लिपि चिह्नों की व्यवस्था है-

१ २ ३ ४ ५ ६ ७ ८ ९ ०

1 2 3 4 5 6 7 8 9 0

(7) देवनागरी लिपि में प्रत्येक वर्ण तथा अंक के लिए स्वतन्त्र लिपि चिह्न की सुविधा है।

(8) देवनागरी के लिपि चिह्नों की लिखावट उच्चारण के अनुकूल है। इसी कारण देवनागरी लिपि में लिखे गये शब्द में कोई अनुच्चरित ध्वनि नहीं होती।

(9) देवनागरी लिपि में कम जगह में गति के साथ शब्द लिखने की सुविधा है। इसलिए यह लिपि गत्यात्मक तथा व्यवहारोपयोगी है। देवनागरी लिपि सुपाठ्य है। भारत में बहुत पहले से अनेक भाषाएँ देवनागरी लिपि में लिखी जाती हैं। सीखने के लिए भी देवनागरी लिपि बहुत ही सरल है। उपर्युक्त विशेषताओं के कारण ही देवनागरी एक आदर्श लिपि है।

देवनागरी लिपि की वैज्ञानिकता

देवनागरी लिपि को एक वैज्ञानिक लिपि माना जाता है-

(1) देवनागरी लिपि में निश्चितता है, इसलिए वह वैज्ञानिक है। देवनागरी लिपि में ह्रस्व स्वरों (अ, इ, उ) के लिए और दीर्घ स्वरों (आ, ई, ऊ, ए, ऐ, ओ, औ) के लिए पृथक्-पृथक् लिपि चिह्न हैं। अल्पप्राण अघोष व्यंजनों (क्, च्, ट्, त्, प्) महाप्राण अघोष व्यंजनों (ख्, छ्, ठ्, थ्, फ्) अल्पप्राण घोष व्यंजनों (ग्, ज्, ड्, द्, ब्, ङ् ञ्, ण्, न्, य्, र्, ल्, व्) महाप्राण घोष व्यंजनों (घ्, झ्, ढ्, ध्, भ्, ह्) और ऊष्म व्यंजनों (श्, ष्, स्) के लिए स्वतन्त्र-स्वतन्त्र लिपि चिह्न हैं।

(2) देवनागरी लिपि में रोमन लिपि जैसी अनिश्चितता नहीं है। जैसे रोमन लिपि में 'क्' ध्वनि के लिए 'K' (Kid = किड्), 'C' (Coat = कोट्) 'Ch' (Chemist = केमिस्ट) 'Q' (Queen = क्वीन) और 'X' (box = बॉक्स) इतने लिपि चिह्नों का प्रयोग किया जाता है, लेकिन देवनागरी लिपि में 'क्' ध्वनि के लिए केवल एक ही लिपि चिह्न 'क्' का प्रयोग किया जाता है।

(3) देवनागरी लिपि में लिपि चिह्न के उच्चारण में अनिश्चितता नहीं है। जैसे देवनागरी में 'ज्' लिपि चिह्न का उच्चारण तालव्य 'ज्' ही किया जाता है, लेकिन रोमन में 'ज्' और 'ग्' ध्वनियों के उच्चारण के लिए एक ही लिपि चिह्न 'G' का प्रयोग होता है- Gentle = जेण्टल्, Good = गुड्।

(4) देवनागरी लिपि में स्वरों का उपयोग मात्राओं के रूप में भी किया जाता है-

स्वर लिपि चिह्न- अ, आ, इ, ई, उ, ऊ, ए, ऐ, ओ, औ

मात्रा लिपि चिह्न- ा, ि, ी, ु, ू, े, ै, ो, ौ

(5) देवनागरी एक वैज्ञानिक लिपि है, क्योंकि इमसें ह्रस्व स्वरों के लिए अलग लिपि चिह्न (अ, इ, उ) हैं और दीर्घ स्वरों के लिए भी अलग लिपि चिह्न (आ, ई, ऊ, ए, ऐ, ओ, औ) हैं।

(6) शिरोरेखा के साथ ही देवनागरी लिपि बड़ी सरलता से तथा शीघ्र गति से लिखी जा सकती है और वह सुपाठ्य बनी रह जाती है। टंकण, कम्प्यूटर और मुद्रण के लिए भी एक सरल और सुन्दर लिपि है।

उपर्युक्त विशेषताओं के आधार पर देवनागरी लिपि एक वैज्ञानिक लिपि है।

देवनागरी लिपि के दोषों का सुधार

राष्ट्र लिपि के रूप में देवनागरी को अधिकाधिक सरल लिपि बनाने के उद्देश्य से उसके दोषों का सुधार निम्नलिखित रूप से किया गया है-

(1) टंकण की सुविधा के लिए देवनागरी को अधिक सरल बनाने के प्रयत्न में 'अ' लिपि चिह्न को मूल स्वर के रूप में और अन्य स्वरों को मात्राओं के रूप में स्वीकार करने का और फिर मूल स्वर 'अ' के साथ मात्राओं को जोड़कर अन्य स्वरों के प्रयोग का सुधार किया गया है। इसलिए 'अ' मूल स्वर है और अन्य स्वरों की मात्राएँ इस प्रकार हैं- ा (आ), ि (इ), ी (ई), ु (उ), ू (ऊ), े (ए), ै (ऐ), ो (ओ), ौ (औ)। स्वर के साथ मात्राओं को अन्य स्वरों के प्रयोग के लिए टंकलेखन में इस प्रकार सुधार किया गया- अ, आ, अि, अी, अु, अू, अे, अै, ओ, औ।

(2) संयुक्त व्यंजन लिखने की दृष्टि से देवनागरी लिपि में ऊपर-नीचे भी लिखे जाने का दोष था, जिसका सुधार इस प्रकार किया गया है-

(क) दाहिने पाई वाले व्यंजनों की पाई हटाकर उनको संयुक्त व्यंजन के योग्य रूप दिया जाय- जैसे ग→ग्‍, ख→ख्‍, घ→घ्‍, च→च्‍, ज→ज्‍, झ→झ्‍, ञ→ञ्‍, ण→ण्‍, त→त्‍, ध→ध्‍, न→न्‍, प→प्‍, ब→ब्‍, भ→भ्‍, म→म्‍, य→य्‍, ल→ल्‍, व→व्‍, श→श्‍, ष→ष्‍, स→स्‍ ।

(ख) मध्य पाई वाले व्यंजनों की पूँछ का लटकता भाग हटाकर उनको संयुक्त व्यंजन योग्य रूप दिया जाये- जैसे क→क्‍ (पक्व), फ→फ्‍ (मुफ्त)।

(ग) गोल व्यजनों के नीचे हलन्त चिह्न लगाकर उनको संयुक्त व्यंजन के योग्य रूप दिया जाये- जैसे ङ→ङ् (वाङ्मय), छ→छ्, ट→ट् (चिट्ठी), ठ→ठ् (सुपाठ्य), ड→ड् (गड्ढा), ढ→ढ्, द→द् (पद्म), र→र् (कार्य→कार्‌य), ह→ह् (बाह्‌य)।

(3) देवनागरी लिपि में कुछ ध्वनियों के लिए एक से अधिक लिपि-चिह्नों का प्रयोग करने का दोष था, जिसका सुधार करके सरल लिपि के लिए योग्य लिपि चिह्न को स्वीकार किया गया। जैसे म्र- , म्रा- , म्रौ- इस दोष के सुधार के लिए केवल 'अ, आ, ओ, औ' इन लिपि चिह्नों को ही स्वीकार्य

किया गया है। (तक-झ) इस दोष के सुधार के लिए 'झ' लिपि चिह्न को स्वीकार किया गया। (ण-रा)- इस दोष के सुधार के लिए 'ण' लिपि चिह्न को स्वीकार किया गया। ् (क्रम)- ॅ (कर्म)- ̂ (राष्ट्र), (कृपा), (र)- इस दोष के सुधार के लिए केवल 'र' लिपि चिह्न का स्वीकार किया गया- क्रम→क्रम, कर्म→कर्‌म, राष्ट्र→राष्ट्र, कृपा→क्रिपा, रजनी। (ल-ळ) इस दोष के सुधार के लिए 'ल' लिपि चिह्न को स्वीकार किया गया। (श-श) इस दोष के सुधार के लिए 'श' लिपि चिह्न को स्वीकार किया गया।

(4) देवनागरी लिपि में 'र' और 'व' इन दो लिपि चिह्नों के योग से 'ख' यह एक लिपि चिह्न प्रयोग में लाया जाता है। इसे 'खाना' इस शब्द के उच्चारण में दोष यह उत्पन्न होता है कि इसका उच्चारण 'खा + ना' इस रूप से या 'र + वा + ना' इस रूप से किया जाये? इसलिए 'र' लिपि चिह्न का निचला हिस्सा 'व' लिपि चिह्न की रेखा के नीचे के हिस्से के साथ जोड़ने को स्वीकार किया गया-'ख'।

(5) देवनागरी लिपि में यह भी दोष है कि कुछ लिपि चिह्न 'झ, ध, भ, म' इस तरह लिख जाने से सहज समझ में नहीं आ पाते। इसलिए इस दोष को सुधार करने के उद्देश्य से इन लिपि चिह्नों के इस तरह के लेखन को स्वीकार किया गया है- झ, ध, भ, म।

(6) देवनागरी लिपि में 'क्ष, ज्ञ, त्र, श्र, द्य, द्म' इन संयुक्त व्यंजनों का स्वतन्त्र अक्षर जैसा लगने का दोष है। इस दोष का सुधार करने के लिए इन संयुक्त व्यंजनों में इन दो व्यंजनों का मेल बना रहता है, उनको स्पष्ट रूप से लिखने को इस प्रकार स्वीकार किया गया- क्ष = क्ष/क्श, ज्ञ = ग्य/ज्ञ, त्र = त्र, श्र = श्र, द्य = द्‌य, द्म = द्‌म।

(7) अनुनासिक पंचम वर्णों के स्थान पर अनुस्वार के प्रयोग को ही स्वीकार किया गया है- जैसे, अङ्क, गङ्गा, के स्थान पर 'अंक, गंगा' का प्रयोग हो रहा है। चञ्चल, डण्डा, तन्तु, पम्पा के स्थान पर 'चंचल, डंडा, तंतु, पंपा' के प्रयोग को स्वीकार किया गया है (***जो कि अशुद्ध है।***)

उपर्युक्त सुधार के आधार पर देवनागरी लिपि अधिक से अधिक मनोरम, सहज, सरल, सुपाठ्य तथा शीघ्र गति से लिखने योग्य आदर्श लिपि बन चुकी है।

हिन्दी एक सशक्त एवं प्रगतिशील भाषा है। यह संस्कृत पर आधारित है। इसने संस्कृत की लिपि, वर्णमाला और उसके उच्चारण को अपनाया है। इस भाषा में अधिकांश संस्कृत की ध्वनियों को ग्रहण किया गया है।

देवनागरी लिपि की लोकप्रियता का कारण है, उसकी वैज्ञानिकता तथा अन्य सभी लिपियों की तुलना में उसकी श्रेष्ठता। भाषा विज्ञान के अनुसार देवनागरी लिपि संसार की सर्वाधिक वैज्ञानिक लिपि है तथा इसमें संसार की प्रायः समस्त भाषाओं की ध्वनियों को उच्चरित करने की सामर्थ्य है।

नागरी लिपि व्यवस्थित रूप में निर्मित लिपि है। इसकी वर्णमाला में वर्णक्रम को अत्यन्त वैज्ञानिक रीति से सँजोया गया है। इसमें ध्वनि प्रतीकों, स्वर और व्यंजन की क्रमबद्धता सर्वथा शास्त्रीय एवं वैज्ञानिक है। स्वरों में ह्रस्व व दीर्घ के लिए अलग-अलग मात्राएँ निश्चित हैं। उच्चारण के स्थान के अनुसार व्यंजनों के वर्ग निर्धारित किये गये हैं तथा उसी क्रम में उसकी व्यवस्था की गयी है। जैसे- कण्ठ्य, तालव्य, मूर्द्धन्य, दन्त्य, और ओष्ठ्य। यह वर्गीकरण अत्यन्त वैज्ञानिक है और अन्यत्र नहीं पाया जाता।

ध्वनियों के दोनों रूप-स्वर और व्यंजन अलग हैं। रोमन अरबी-फारसी लिपियों में दोनों को मिला दिया गया है। ह्रस्व और दीर्घ स्वरों के रूप अलग-अलग हैं, जैसे- अ, आ, इ, ई, उ, ऊ आदि। अल्पप्राण और महाप्राण ध्वनियों के लिए अलग-अलग लिपि-चिह्न हैं। जैसे- 'क' अल्पप्राण ध्वनि है और 'ख' महाप्राण ध्वनि है। किन्तु रोमन लिपि में 'ख' के लिए स्वतन्त्र लिपि चिह्न नहीं है और 'ख' को 'k' में 'h' मिलाकर 'Kha' रूप में लिखा जाता है। इसकी अपेक्षा देवनागरी एक व्यावहारिक एवं गत्यात्मक लिपि है। इसमें पहले जिन ध्वनियों के लिए चिह्न नहीं थे, उन्हें बाद में बना लिया गया। जैसे- ऑ, ऍ आदि।

नागरी लिपि में तीन संयुक्त व्यंजन हैं- 'क्ष' 'त्र' और 'ज्ञ'। इनके अतिरिक्त कुछ अन्य आवश्यक व्यंजन भी गढ़ लिये गये हैं, जैसे- ड़ और ढ़। प्रत्येक ध्वनि के लिए नागरी लिपि में एक अलग चिह्न है। जो बोला जाता है, वही लिखा जाता है। इसमें अँग्रेजी व उर्दू की भाँति स्पेलिंग, और हिज्जे (वर्तनी) याद करने की आवश्यकता नहीं होती है।

देवनागरी लिपि में मात्रा सम्बन्धी जो नियम है, उसके अनुसार स्वर-व्यंजन में योग उपस्थित करने वाला मनोवैज्ञानिक नियम अन्यत्र दुर्लभ है। उदाहरणार्थ अरबी-फारसी में जबर, जेर, पेश का विधान है, किन्तु इनका प्रयोग केवल आरम्भिक अवस्था में ही किया जाता है। बाद में लोग इन चिह्नों को लगाना बन्द कर देते हैं और अनुमान से पढ़ने की स्थिति आ जाती है। पाठक अ, इ, उ की मात्रा अपनी समझ के अनुसार पढ़ने को स्वतन्त्र रहता है। जैसे- 'अजमेर गये' को 'आज मर गये' तथा 'सुरमा दानी चार' को 'सिर

में देना चार' पढ़ने को स्वतन्त्र रहता है। रोमन लिपि में भी वह 'Chak' को चक, चाक, चेक, चैक पढ़ने को स्वतन्त्र रहता है, किन्तु देवनागरी लिपि में इस प्रकार से मनमानी करने या भूल करने का अवसर नहीं आता।

व्यंजनों के संकेत भी नागरी लिपि में सर्वथा अलग हैं। उर्दू लिपि में एक रूप या चिह्न में नुक्ता (बिन्दी) लगाकर एक से अधिक प्रकार के संकेतों का उच्चारण किया जाता है। इस सन्दर्भ में यह मनोरंजक कथन ध्यान देने योग्य है- **नुक्ते के हेर-फेर से 'ख़ुदा' 'ज़ुदा' हुआ।** अर्थात् यदि बिन्दी ऊपर है, तो 'ख' होने से 'ख़ुदा' और यदि बिन्दी नीचे है, तो 'ज' होने 'ज़ुदा' बनता है। रोमन लिपि में भी अनेक ध्वनि-संकेतों के योग से एक ध्वनि बनती है, जैसे- 'Ch, Th' आदि। देवनागरी लिपि में इस प्रकार के जोड़ लगाने की जरूरत नही पड़ती।

वर्तनी

शुद्ध उच्चरित भाषा में लय, तान, गति, मौन, आघात और उपयुक्त ध्वनियुत का महत्त्व होता है। इन्हीं तत्त्वों पर ध्यान दिया जाये, तो उच्चरित भाषा प्रभावकारी, मर्मस्पर्शी तथा फलोत्पादक होती है। शुद्ध लिखित भाषा में सुडौल वर्ण, मात्राएँ, विराम चिह्न आदि का हाथ होता है।

भाषा के लिखित और उच्चरित- दो रूप होते हैं। उच्चरित रूप ही मूल होता है। 'लिखित भाषा' उच्चरित भाषा के आधार पर तैयार की जाती है। इसके लिए मौखिक ध्वनियों को लिपिचिह्नों द्वारा प्रकट किया जाता है। मौखिक ध्वनियों का अनुवर्तन करने पर अर्थात् उसका अनुसरण करने पर हमें लेखन चिह्न, विराम चिह्न तथा अन्य व्याकरणिक अवस्थाएँ प्राप्त होती हैं। मौखिक भाषा का अनुवर्तन करने पर प्राप्त होने वाली ध्वनि-व्यवस्था को हम 'वर्तनी' कहते हैं। वर्तनी की सहायता से ही भाषा का शुद्ध रूप सुरक्षित रहता है। किसी भी भाषा के विकास और प्रसार में वर्तनी का महत्त्वपूर्ण योगदान होता है।

भाषा के लिए 'वर्तनी' की एकरूपता आवश्यकता है। विविधता के कारण भाषा में भ्रम की स्थिति उत्पन्न हो जाती है। अतः देश-विदेश में भाषा के एक स्टैण्डर्ड (मानक) रूप को प्रचलित करने के लिए अनेक प्रयास किये गये, किन्तु फिर भी प्रयास आवश्यक है। हिन्दी भाषा की तत्कालीन मानक वर्तनी के लिए उसी प्रयासों की कड़ी में यह पुस्तक भी है। इसमें व्यावहारिक, उच्चारणीय, युक्तिसंगत व व्याकरणिक नियमों पर आधारित मानक वर्तनी देने का प्रयास किया गया है।

●●●

अध्याय-दो

हिन्दी भाषा के कुछ पारिभाषिक शब्द

प्रस्तुत पुस्तक में कुछ पारिभाषिक हिन्दी शब्दों का अनेक बार प्रयोग हुआ है। प्राय: इन शब्दों के अर्थ न जानने पर उस शब्द का भावार्थ जानने में असुविधा होती है। नीचे कुछ पारिभाषिक शब्दों के बारे में उल्लेख किया जा रहा है-

(1) **तत्सम शब्द** - ये वे शब्द हैं, जो संस्कृत भाषा से हिन्दी में ज्यों के त्यों, अविकृत रूप में आये हैं। हिन्दी की शब्दावली में लगभग 45 प्रतिशत शब्द इसी प्रकार के हैं। जैसे - काव्य, परिप्रेक्ष्य, आयाम, विदित, यात्रा, शोध, ग्रन्थ, वत्स, भ्राता, अग्नि आदि।

(2) **अर्द्ध तत्सम** - जो संस्कृत शब्द विकृत रूप में हिन्दी में प्रयुक्त होते हैं। जैसे - 'कृष्ण' का किशन, विष्णु का विशन, 'कोकिल' का कोयल, 'काक' का कौआ, वत्स का वच्छ, 'आज्ञा' का अग्याँ, 'मुख' का मुँह आदि।

(3) **तद्भव शब्द** - वे शब्द हैं, जो या तो सीधे प्राकृत से हिन्दी भाषा में आये हैं या प्राकृत के द्वारा संस्कृत से निकले हैं। जैसे - काम और सुहाग क्रमश: कार्य और सौभाग्य के तद्भव रूप हैं। इसी प्रकार कन्हैया और कान्हा 'कृष्ण' शब्द के तद्भव रूप है।

तत्सम और तद्भव शब्दों में रूप की भिन्नता के साथ प्राय: अर्थ की भिन्नता भी होती है। तत्सम प्राय: सामान्य अर्थ में आता है और तद्भव शब्द विशेष के अर्थ में। जैसे- 'स्थान' सामान्य नाम है, पर 'थाना' एक विशेष स्थान का नाम है।

कभी-कभी तत्सम शब्द से 'गुरुता' का अर्थ निकलता है और तद्भव से 'लघुता' का। जैसे- 'देखना' शब्द साधारण लोगों के लिए प्रयुक्त होता है, किन्तु 'दर्शन' किसी बड़े आदमी या देवता के लिए। कभी-कभी तत्सम के दो अर्थों में से तद्भव से केवल एक ही अर्थ सूचित होता है। जैसे -

'वंश का अर्थ कुटुम्ब भी है और बाँस भी, परन्त तद्भव 'बाँस' से केवल एक अर्थ निकलता है।

(4) **देशज शब्द** – हिन्दी भाषा में दो अन्य प्रकार के शब्द पाये जाते हैं- (क) देशज (ख) अनुकरण वाचक।

(क) **'देशज' शब्द का अर्थ** – ये ग्रामीण अथवा लोकभाषा के शब्द हैं। इनका स्रोत अज्ञात है। देशज शब्द वे हैं, जो किसी संस्कृत या प्राकृत मूल से निकले हुए नहीं जान पड़ते तथा जिनकी व्युत्पत्ति का पता नहीं लगता। जैसे – तेन्दुआ, खिड़की, धूहा, ठेस, कुल्हड़ ढेमचरा, डबुआ आदि।

(ख) **अनुकरण वाचक शब्द** – ऐसे शब्दों की संख्या बहुत थोड़ी है और सम्भव है कि आधुनिक आर्य भाषाओं की बढ़ती नियमों की खोज और पहचान होने से अन्त में इनकी संख्या बहुत कम हो जायेगी। किसी पदार्थ की कल्पित या यथार्थ ध्वनि को ध्यान में रखकर जो शब्द बनाये गये हैं, वे अनुकरणवाचक शब्द कहलाते हैं। जैसे- खटखटाना, धड़ाम, चट आदि।

(5) **विदेशी शब्द** – फारसी, अरबी, तुर्की, अंग्रेजी आदि भाषाओं से जो शब्द हिन्दी में आये हैं, वे विदेशी कहलाते हैं। विदेशी शब्द हिन्दी में ध्वनि के अनुसार अथवा बिगाड़े हुए उच्चारण के अनुसार लिखे जाते हैं। इस विषय का पता लगाना कठिन है कि हिन्दी भाषा में किस-किस समय पर कौन-से विदेशी शब्द आये हैं, किन्तु वे शब्द हिन्दी भाषा में मिल गये हैं और इनमें से कोई-कोई शब्द ऐसे हैं, जिनके समानार्थी हिन्दी शब्द बहुत समय से अप्रचलित हो गये हैं।

(6) **स्वर** – 'स्वर' शब्द 'स्वृ' से बना है, जिसका अर्थ है। 'शब्द करना।' जिन ध्वनियों में श्वासवायु बिना किसी रुकावट के मुख से निकलती है, उन्हें 'स्वर' कहते हैं। हिन्दी भाषा में निम्नलिखित स्वर हैं-अ, आ, इ, ई, उ, ऊ, ए, ऐ, ओ, औ, (ऑ)।

यद्यपि 'ऋ' को स्वरों की श्रेणी में सम्मिलित नहीं किया गया है। आजकल अँग्रेजी के प्रभाव से 'ऑ' ध्वनि हिन्दी में अपनी जगह बना चुकी है। इसका लिपि चिह्न (ॉ) है। यह हिन्दी के 'आ' तथा 'ओ' के बीच की ध्वनि है।

(7) **अनुनासिक स्वर** - इन स्वरों के उच्चारण में ध्वनि मुख के साथ-साथ नासिका द्वार से भी निकलती है। अतः अनुनासिक को प्रकट करने के लिए शिरोरेखा के ऊपर चन्द्रबिन्दु (ँ) का प्रयोग किया जाता है। इसके उच्चारण में लघुता रहती है। जैसे- गाँव, दाँत, पाँव, दाँव, आँवला आदि।

(8) **अनुस्वार** - यह 'स्वर' के बाद आने वाला व्यंजन है, जिसकी ध्वनि 'नाक' से निकलती है। अनुस्वार के उच्चारण में नाक से अधिक साँस निकलती है और मुख से कम। अनुस्वार की ध्वनि को प्रकट करने के लिए वर्ण की शिरोरेखा के ऊपर बिन्दु (ं) लगाया जाता है। जैसे- अंगुष्ठ, संशय, संहार, हिंसा आदि।

यह ध्यान रहे कि शिरोरेखा के ऊपर जब 'स्वर' की भी मात्रा लगी हो, तो सुविधा के लिए स्थानाभाव के कारण चन्द्रबिन्दु (ँ) के स्थान पर मात्रा बिन्दु अनुस्वार (ं) लगा दिया जाता है। जैसे 'मैँके स्थान पर मैं', 'कहीँ के स्थान पर कहीं', 'हैँ के स्थान पर हैं, 'आँखेँ के स्थान पर आँखें' आदि।

संस्कृत में व्यवस्था यह है कि अनुस्वार का स्वरूप उसके बाद आने वाले व्यंजन के अनुसार स्थित होता है। जैसे- 'दन्त' में अनुस्वार 'त' के पूर्व आया है। इसलिए वहाँ 'तवर्ग का पंचम वर्ण 'न्' आएगा। 'दण्ड' में 'ड' से पूर्व आने के कारण अनुस्वार 'ण' हो जाता है। इसी प्रकार 'चञ्चल' में 'च' के पूर्व आने के कारण अनुस्वार 'ञ' हो जाता है।

(9) **नासिक्य** - जिन व्यंजनों का उच्चारण करते समय मुख अवयव वायु को रोकते हैं, किन्तु वायु पूरी तरह मुख से न निकल कर नाक से निकलती है, उन्हें 'नासिक्य व्यंजन कहते हैं। ङ, ञ, ण, न, म नासिक्य व्यंजन हैं।

(10) **विसर्ग** - (ः) अनुस्वार की तरह विसर्ग भी स्वर के बाद आता है। विसर्ग का उच्चारण 'ह्' के समान होता है। जैसे- अतः (अतह्), मनः (मनह्) स्वतः (स्वतह्) आदि। विसर्गों का प्रयोग केवल उन संस्कृत शब्दों में होता है, जो हिन्दी में उसी रूप में प्रचलित हैं। जैसे- प्रायः, सम्भवतः आदि।

मानक हिन्दी वर्णमाला तथा अंक

हिन्दी वर्णमाला विश्व की वर्णमालाओं में सर्वाधिक सुव्यवस्थित, सन्तुलित एवं वैज्ञानिक है, जिसे विद्वानों ने एकमत से स्वीकार कर लिया है। प्राचीन वर्णमाला में कहीं-कहीं विविध रूप एवं भ्रम की स्थिति आ जाती थी। आधुनिक व प्राचीन वर्णमाला के कुछ वर्ण इस प्रकार हैं-

मानक रूप	प्राचीन रूप	मानक रूप	प्राचीन रूप
अ	ग्र	ध	ध
ऋ	ॠ	ल	ल
ख	रव	ण	रा
झ	भ्क	श	श

भारतीय संघ तथा कुछ राज्यों की राजभाषा स्वीकृत हो जाने के बाद हिन्दी भाषा के देवनागरी लिपि का मानक रूप निर्धारित करना बहुत आवश्यक था ताकि टाइपराइटर, कम्प्यूटर आदि आधुनिक यन्त्रों के उपयोग में लिपि की अनेकरूपता बाधक न हो। इन सभी बातों को ध्यान में रखकर हिन्दी वर्णमाला तथा अंकों का जो मानक स्वरूप केन्द्रीय हिन्दी निदेशालय ने शीर्षस्थ विद्वानों के साथ वर्षों के विचार-विमर्श के पश्चात् निर्धारित किया वह निम्नलिखित प्रकार है –

मानक हिन्दी वर्णमाला

स्वर – अ आ इ ई उ ऊ ओ औ

मात्राएँ – ा ि ी ु ू े ै ो ौ

अनुस्वार – ं (अं)

विसर्ग – ः (अः)

अनुनासिक – ँ (अँ)

व्यंजन – क ख ग घ ङ

च छ ज झ ञ

ट ठ ड ढ ण (ड़, ढ़) ये स्वीकृत नयी ध्वनियाँ हैं।

त थ द ध न

प फ ब भ म

य र ल व (ळ)

श ष स ह

संयुक्त व्यंजन – क्ष (क+ष), त्र (त्+र), ज्ञ (ज+ञ), श्र (श+र्)

हल चिह्न – ् (ड्)

गृहीत स्वन – ऑ (ॉ), ख़ ज़ फ़

देवनागरी अंक– १ २ ३ ४ ५

६ ७ ८ ९ ०

हिन्दी अंकों का अन्तर्राष्ट्रीय रूप - 1 2 3 4 5
6 7 8 9 0

संस्कृत भाषा में प्रयुक्त देवनागरी वर्णमाला में तो ऋ, लृ तथा ॡ भी सम्मिलित हैं, किन्तु हिन्दी भाषा में इन वर्णों का प्रयोग न होने के कारण इन्हें हिन्दी की मानक वर्णमाला में स्थान नहीं दिया गया है।

उपर्युक्त पारिभाषिक शब्दों को देने का तात्पर्य यह है कि इस पुस्तक में जहाँ-जहाँ उपर्युक्त शब्द आयें, उस प्रसंग में उनका भावार्थ समझने में कोई असुविधा न हो।

हिन्दी के संख्यावाचक शब्दों की वर्तनी

हिन्दी के संख्यावाचक शब्दों की अनेकानेक वर्तनियाँ विभिन्न हिन्दी क्षेत्रों में मिलती हैं। केन्द्रीय हिन्दी निदेशालय नयी दिल्ली ने संख्यावाचक शब्दों की वर्तनी में एकरूपता लाने की दृष्टि से देश के विभिन्न क्षेत्रों के विद्वानों को लिखा था, ताकि वे इस सम्बन्ध में अपने सुझाव भेजकर, इस निर्णय को सर्वसम्मत रूप दे सकें। जिन लोगों ने अपने विचार इस सम्बन्ध में भेजे थे, उनमें श्री डॉ० देवेन्द्रनाथ शर्मा (पटना), डॉ० हरदेव बाहरी (इलाहाबाद), डॉ० कैलाशचन्द्र भाटिया (मसूरी), डॉ० अमरबहादुर सिंह (आगरा), डॉ० रामसिंह तोमर (शान्ति निकेतन), डॉ० शंकर राज नायूडू (मद्रास), डॉ० आनन्द प्रकाश दीक्षित (पूना), डॉ० संसारचन्द्र (जम्मू), डॉ० रमेशचन्द्र मेहरोत्रा (रायपुर), डॉ० कृष्णमूर्ति आदि प्रमुख थे।

बाद में 5 फरवरी, 1980 को निदेशालय ने इस विषय में एक बैठक बुलायी, जिसमें श्री देवेन्द्रनाथ शर्मा, डॉ० हरदेव बाहरी, डॉ० भोलानाथ तिवारी, डॉ० कैलाशचन्द्र भाटिया, डॉ० बालगोविन्द्र मिश्र (आगरा), डॉ० रणवीर रांग्रा (निदेशालय), डॉ० नरेन्द्र व्यास (निदेशालय) आदि सम्मिलित हुए। बैठक में क्रमशः सभी संख्यावाचक शब्दों पर विचार किया गया। विचार करते हुए कहा गया कि प्रायः यह देखा गया है कि संख्यावाचक शब्दों की वर्तनियाँ मुख्यतः दो प्रकार की हैं। एक तो वे हैं, जो हिन्दी प्रदेश के पूर्वी क्षेत्र में प्रचलित हैं। बहुप्रयोग, रचना, उच्चारण, एकरूपता आदि की दृष्टि से निम्नलिखित रूपों को मानक माना गया। कोष्ठ के भीतर वे अन्य रूप हैं, जो विभिन्न क्षेत्रों में प्रयुक्त होते हैं, तथा कोष्ठक के बाहर मानक रूप के दिये जा रहे हैं -

मानक रूप	अमानक रूप
एक	–
दो	–
तीन	–
चार	–
पाँच	–
छह	(छः, छ)
सात	–
आठ	–
नौ	(नव)
दस	–
ग्यारह	(इग्यारह, गेरह, ग्यारा)
बारह	(बारा)
तेरह	(तेरा)
चौदह	(चौदा)
पन्द्रह	(पन्दरह, पनरह, पन्द्रा)
सोलह	(सोला)
सत्रह	(सतरह, सत्तरह, सत्रा)
अठारह	(अट्ठारह, अठारा)
उन्नीस	(ओनइस, गुन्निस, इनइस, उनईस)
इक्कीस	(एकइस, इकइस, इकईस, एकईस)
बाईस	(बाइस)
तेईस	(तेइस, तेवीस, तेविस)
चौबीस	(चउबिस, चौबिस)
पच्चीस	(पच्चिस, पचीस)
छब्बीस	(छब्बिस)
सत्ताईस	(सत्ताइस, सताइस, सताईस)
अट्ठाईस	(अट्ठाइस, अठाईस, अठाइस)

उनतीस (उनन्तीस, ओनतिस, उनतिस, गुनतीसे

तीस –

इकतीस (इकत्तीस, एकतिस, एकतीस)

बत्तीस (बत्तिस)

तैंतीस (तैंतिस, तयँतिस)

चौंतीस (चौंतिस)

पैंतीस (पैंतिस, पयँतिस)

छत्तीस (छत्तिस)

सैंतीस (सैंतिस, सेंतीस)

अड़तीस (अड़तिस, अरतिस, अठत्तिस, अठतीस)

अनतालीस (उनतालिस, ओनतालिस, गुननालिस, गुनचालिस, उनचालिस, उनचालीस)

चालीस (चालिस)

इकतालीस (एकतालिस, इकतालिस)

बयालीस (बयालिस, ब्यालिस, ब्यालीस)

तैंतालीस (तैंतालिस, तिरालिस, तिरालीस, तितालिस, तितालीस)

चवालिस (चौवालीस, चौवालिस)

पैंतालीस (पैंतालिस, पन्तालिस, पयँतालिस, पिन्तालीस)

छियालीस (छियालिस, छयालिस, छयालीस, छ्यालिस)

सैंतालीस (सैंतालिस, सन्तालिस, सयँतालिस)

अड़तालीस (अड़तालिस, अरतालिस, अठतालिस)

उनचास (उनचस, उननचास, उंचास, गुनपचास, उणनचस)

पचास –

इक्यावन (क्यावन, एकावन, एक्कावन)

बावन –

तिरपन (त्रेपन, तिरेपन, तरेपन)

चौवन (चौअन)

पचपन (पंचावन, पच्चावन, पिच्चावन)

छप्पन	–
सतावन	(सन्तावन, सत्तावन)
अठावन	(अट्ठावन, अण्ठावन)
उनसठ	(ओनसठ, गुंसठ)
साठ	–
इकसठ	(एकसठ, इक्सठ)
बासठ	–
तिरसठ	(त्रेसठ, तिरेसठ)
चौंसठ	–
पैंसठ	(पयँसठ)
छियासठ	(छाछठ, छ्यासठ, छयासठ)
सड़सठ	(सरसठ, सतसठ)
अड़सठ	(अरसठ, अटसठ)
उनहत्तर	(ओनहत्तर)
सत्तर	–
इकहत्तर	(एकहत्तर, खत्तर)
बहत्तर	–
तिहत्तर	–
चौहत्तर	(चवहत्तर)
पचहत्तर	(पिचहत्तर, पिछत्तर)
छिहत्तर	–
सतहत्तर	(सतत्तर)
अठहत्तर	(अठत्तर)
उनासी	(उन्यासी, गुन्यासी)
अस्सी	–
इक्यासी	(इक्कासी)
बयासी	–
तिरासी	–

चौरासी	–
पचासी	(पिच्चासी, पच्चासी)
छियासी	(छ्यासी)
सतासी	(सत्तासी)
अठासी	(अट्ठासी)
नवासी	–
नब्बे	(नब्भे, नव्वे)
इक्यानवे	(इक्यानबे, इक्कानबे)
बानवे	(बानबे)
तिरानवे	(तिरानबे)
चौरानवे	(चौनारबे)
पचानवे	(पच्चानवे, पंचानबे, पिच्चानबे, पिच्चानवे)
छियानवे	(छियानवे, छानबे, छानवे)
सतानवे	(सतानबे, सन्तानबे)
अठानवे	(अट्ठानवे, अठानबे, अण्ठानवे)
निन्यानवे	(निन्नानबे, निनानबे, निणानबे, निन्नाँनबे)
सौ	

●●●

अध्याय-तीन

'वर्तनी' शब्द की व्याख्या, परिभाषा और उसका अर्थ

'वर्तनी' शब्द का सम्बन्ध (व्युत्पत्ति) संस्कृत भाषा के 'वृत्' धातु से है। यह धातु अनेक अर्थ देता है। 'वर्तनी' शब्द के प्रसंग में इस धातु का अर्थ- आगे बढ़ना, गति करना आदि है। इसी धातु से 'वर्त्म' (वृत्+मन्) शब्द बना है, जिसका अर्थ है- सरणि या मार्ग। अर्थात् जिस पर आगे बढ़ा जाये, चला जाये। 'वर्तनी' संस्कृत भाषा का मूल शब्द नही है। 'वृत्' धातु+मनि प्रत्यय से संस्कृत में 'वर्त्मनि' शब्द बना है, जिसके अर्थ हैं- रास्ता, सड़क तथा सरणि आदि। यह 'वर्त्मनि तथा 'वत्मनी' दोनों रूपों में संस्कृत भाषा में मिलता है। इसी में 'म' के लोप होने से 'वर्तनि' या 'वर्तनी' शब्द बना है। यह आश्चर्य है कि 'वर्तनी' के इस मूल शब्द की ही 'वर्तनी नहीं है। इसकी परिभाषा इस प्रकार दी जा सकती है-

'किसी भाषा का कोई सार्थक शब्द या अक्षर जो किसी वर्णमाला में लिखा जाता है, उसे 'वर्तनी' कहते हैं।'

किसी शब्द को किस प्रकार वर्णों से अभिव्यक्त या प्रकट किया जाये, यह समस्या बहुत समय तक हिन्दी में नहीं समझी जाती थी, जबकि अँग्रेजी व उर्दू में इसका महत्त्व था। अँग्रेजी व उर्दू में लगभग पचास वर्ष पूर्व स्पेलिंग या हिज्जों की रटाई की जाती थी। आज भी यह क्रम जारी है। हिन्दी में उच्चरित ध्वनियों को प्रकट करना (लिखना) बहुत सरल है। इसमें जैसा बोला जाये, वैसा ही लिख दिया जाये। देवनागरी लिपि की विशेषता के कारण ही यह सम्भव है। किन्तु आगे चलकर जब यह अनुभव किया गया कि एक शब्द की अनेक वर्तनी (एक से अधिक) मिलती हैं, तो इनको अभिव्यक्त करने के लिए किसी सार्थक शब्द की खोज हुई।

'वर्तनी' शब्द छठे दशक की देन है, क्योंकि 'हिन्दी शब्दसागर' तथा 'संक्षिप्त हिन्दी शब्दसागर' और प्रामाणिक हिन्दी कोश (लेखक- आचार्य रामचन्द्र वर्म्मा) में भी 'वर्तनी' शब्द का उल्लेख नहीं मिलता। छठे दशक में 'वर्तनी' शब्द का उल्लेख मिलने लगा, क्योंकि इस समय में ही क्रमशः दो पुस्तकें इस विषय पर प्रकाशित हुई, प्रथम- **'शुद्ध अक्षरी कैसे सीखें** - लेखक- प्रो० मुरलीधर श्रीवास्तव, भारती भवन पटना तथा द्वितीय- **'हिन्दी की वर्तनी'**- लेखक- प्रो० रमापति शुक्ल, शब्दलोक प्रकाशन, वाराणसी।

अपनी पुस्तक **'शुद्ध अक्षरी कैसे सीखें'** में प्रो० श्रीवास्तव ने 'अक्षरी' शब्द का जो प्रयोग किया, वह चल नहीं सका, अर्थात् उस शब्द को विद्वानों ने मान्यता नहीं दी। प्रो० मुरलीधर श्रीवास्तव ने इस पुस्तक के पहले अपने डी० लिट० के शोध प्रबन्ध- **'हिन्दी भाषा में अक्षर तथा शब्द की सीमा'** में अँग्रेजी भाषा के 'सिलेबिल' शब्द के लिए 'अक्षर' शब्द का प्रयोग स्थिर कर दिया था। उस समय तक बिहार में 'वर्तनी' शब्द के लिए 'विवरण' और बंगाल में 'बनान' (सं० में वर्णन) शब्द, उड़िया में बनान, गुजराती में 'जोड़नी' (जिसे जोड़ने से शब्द बनाया जाये) तथा उर्दू, सिन्धी, कश्मीरी में 'हिज्जे' कहते हैं। तमिल, तेलुगु आदि दक्षिण की भाषाओं में इसके लिए कोई शब्द नहीं है, तेलुगु में इसके लिए 'वर्णक्रममु' शब्द का प्रयोग करते हैं। हिज्जे (स्पेलिंग) के लिए प्रचलित थे।

'वर्तनी' को हिन्दी में 'अक्षरी' डॉ० श्रीवास्तव ने इसलिए कहा कि लिखने में अक्षरों का प्रयोग होता है। 'वर्तनी' शब्द के लिए 'हिज्जे' का प्रयोग भी प्रचलित था। वस्तुतः 'हिज्जे' अरबी भाषा के 'हिजे' का बिगड़ा रूप है। 'हिजे' का सम्बन्ध अरबी भाषा के धातु- 'हे-जीम- अलिफ' से है, जिसका अर्थ होता है- 'अलग-अलग करना' या 'वर्तनी के रूप में अक्षरों को अलग-अलग करना।'

उस समय 'वर्तनी' के लिए कुछ अन्य शब्द भी प्रचलित थे, जो इस प्रकार हैं- अक्षरन्यास, अक्षर-विन्यास, वर्णन्यास और वर्णविन्यास।

प्रो० कृष्ण गोपाल रस्तोगी बहुत समय तक 'अक्षर-विन्यास' शब्द का प्रयोग करते रहे। यही 'वर्ण-विन्यास' है। जिसमें 'वर्ण' का अर्थ 'अक्षर' है और 'विन्यास' का अर्थ है- विशेषक्रम में रखना। अमरकोश में 'लिपि' के लिए 'अक्षर विन्यासः' तथा 'लिखितम्' का प्रयोग भी पर्याप्त रूप से मिलता है। - **'लिखिताक्षर - विन्यासे लिपिः।**

आचार्य निशान्तकेतु ने 'वर्तनी' शब्द को संस्कृत भाषा का मानते हुए 'वर्तनी' शब्द के कोशगत अर्थ इस प्रकार दिये हैं- मार्ग, पथ, जीना, जीवन।

आप्टे के कोश में - पीसना, चूर्ण बनाना, तकुआ आदि अर्थ दिये गये हैं।

ज्ञानमण्डल, वाराणसी द्वारा प्रकाशित 'बृहद् हिन्दी कोश' में प्रथम बार 'वर्तनी' की व्यापक परिभाषा स्थिर की गयी, जो इस प्रकार है-

'भाषा- साम्राज्य के अन्तर्गत भी शब्दों की सीमा में अक्षरों की जो आचार संहिता अथवा उनका अनुशासनगत संविधान है, उसे ही हम 'वर्तनी' की संज्ञा दे सकते हैं। -- 'वर्तनी' भाषा का वर्तमान है। 'वर्तनी' भाषा का अनुशासित आवर्तन है, 'वर्तनी' शब्दों का संस्कारित पद-विन्यास है, 'वर्तनी' अतीत और भविष्य के मध्य का सेतु-सूत्र है। यह अक्षर-संस्थान और वर्ण-क्रम-विन्यास है।' (वर्तनी, पृष्ठ-2)।

आचार्य रघुनाथ प्रसाद चतुर्वेदी ने संस्कृत व्याकरण के 'वार्तिक' शब्द से इसका सम्बन्ध स्थापित करते हुए लिखा है -

'वार्तिक एवं वर्तनी दोनों शब्दों में ध्वनिसाम्य के साथ अर्थसाम्य भी एक जैसा ही है। सूत्र द्वारा शब्द-साधना का वैज्ञानिक विश्लेषण होता है तथा वार्तिक में सूत्रों द्वारा त्रुटिपूर्ण कथन पर पूर्ण विचार किया जाता है। वर्तनी भी इसी समानान्तर प्रक्रिया से गुजरती है। -- वर्तनी का भी सामूहिक विशुद्ध स्वरूप ही भाषा की समृद्धि के लिए ग्राह्य है।' (नवभारत टाइम्स, दिनांक 19-3-94)

उपर्युक्त सभी शब्दों के होते हुए भी अब हिन्दी भाषा में 'वर्तनी' शब्द ही मान्य हो गया है और भारत सरकार के 'केन्द्रीय हिन्दी निदेशालय, नयी दिल्ली ने भी अब इस शब्द को मान्यता दी है तथा वर्तनी की एकरूपता की दृष्टि से कुछ नियम भी स्थिर किये हैं। इसलिए अब 'वर्तनी' शब्द का ही प्रयोग होना चाहिए।

●●●

अध्याय-चार

वर्तनी की समस्या : सुधार के प्रयास

वर्तनी की एकरूपता सम्बन्धी समस्या व उसके क्रमशः सुधार के प्रयास का क्रम कोई नया नहीं है। पाणिनी के कारण संस्कृत भाषा के मानक स्वरूप का निर्धारण वैदिक संस्कृत की तुलना में अधिक हुआ, किन्तु वह व्याकरण के लिखित रूप पर अधिक था, उच्चारण के स्तर पर कम। इसीलिए संस्कृत भाषा का जो रूप आज लिखित रूप में प्राप्त है, उसमें 'वर्तनी की एकरूपता नहीं मिलती। यह अनेकरूपता अ-आ जैसे- ननंदृ-ननांदृ, अ-इ जैसे- दाशरथ-दाशरथि, आ-ई जैसे- रजका-रजकी, इ-ई जैसे- अवनी-अवनि, धूलि-धूली, ओ-औ जैसे- ओषधि-औषधि, व-ब जैसे-क्लीव-क्लीब, श-ष जैसे- कोश-कोष, श-स जैसे- निकाश-निकास, वशिष्ठ-वसिष्ठ, र-ल जैसे- नारिकेर-नारिकेल, तथा सन्धि विकल्पों जैसे- निस्सीम-निःसीम, तच्शिवः-ताच्छिवः आदि की मिलती है।

पालि भाषा में भी इसी प्रकार की अनेकरूपताएँ मिलती हैं। पालि में तो संस्कृत भाषा से भी अधिक अनेकरूपताएँ प्राप्त होती हैं। उदारणार्थ- कपूर-कप्पुर, ऊभि-ऊभी, परायण-पारायण, तरुण-तलुण, कलेवर-कलेबर।

प्राकृत में सरिस-सारिस, मरल-मराल, सरसिज-सरसिय तथा अपभ्रंश में तो मानक वर्तनी प्रायः है ही नहीं।

ई०स० 1000 के लगभग आधुनिक भारतीय भाषाओं का उद्‌भव हुआ। 1500ई० से 1800 के आसपास का समय इन भाषाओं का मध्यकाल है तथा सन् 1800 के बाद आधुनिक काल। यह एक तथ्य है कि किसी भी आधुनिक भारतीय भाषा में वर्तनी की एकरूपता का कोई प्रयास नहीं हुआ। हालाँकि 16वीं शताब्दी में प्रेस तथा शिक्षा के प्रचार के साथ जाने-अनजाने सभी आधुनिक भारतीय आर्यभाषाओं की वर्तनियों में एकरूपता आयी और सन् 1900 तक इस दिशा में कुछ प्रारम्भिक कार्य अपने-आप बिना प्रयास के एक सीमा तक हो गया।

सन् 1900 के बाद बँगला, मराठी, गुजराती, हिन्दी आदि भाषाओं में इस दिशा में ठोस कार्य किये गये, जिसके कारण वर्तनी से सम्बन्धित अनेक समस्याओं का समाधान हुआ। स्वतन्त्रता-प्राप्ति के पश्चात् इस दिशा में और कार्य हुए। इसके बावजूद आज भी सभी आधुनिक भाषाओं की वर्तनी सम्बन्धी अपनी-अपनी समस्याएँ हैं, जिनसे वे आज भी समाधान के लिए प्रयासरत हैं। इस प्रकार 'वर्तनी की एकरूपता' सम्बन्धी प्रयास कोई नये नहीं हैं। सन् 1900 में नागरी प्रचारिणी सभा काशी ने इस वर्तनी के सम्बन्ध में कुछ निर्णय लिये थे। आचार्य महावीर प्रसाद द्विवेदी ने साहित्यिक पत्रिका 'सरस्वती' के माध्यम से जहाँ हिन्दी के मानक रूप को स्थिर करने का प्रयास किया, वहीं नागरी लिपि में लिखे शब्दों की वर्तनी को स्थिरता प्रदान करने में महती योगदान किया।

19वीं सदी के उत्तरार्द्ध में हिन्दी भाषा की अनेक पत्र-पत्रिकाएँ, जैसे- बिहार बन्धु, वैष्णव पत्रिका, हिन्दी बंगवासी, काशी पत्रिका, ब्राह्मण, हिन्दी प्रदीप, द्विज पत्रिका, भारत जीवन, मित्र विलास आदि प्रकाशित होने लगी थीं। इन सबमें स्वभावतः वर्तनी से सम्बन्धित निश्चित नियमों के अभाव में 'अपनी-अपनी ढफली, अपना-अपना राग' का अनुकरण हो रहा था। इसके फलस्वरूप प्रबुद्ध, जागरूक पाठकों का ध्यान कारक चिह्नों (ने, को, से, का आदि को, किसी के द्वारा संज्ञा और सर्वनाम के साथ मिलाकर, जैसे- रामने, मैंने; तो किसी के द्वारा अलग, जैसे- राम ने, मैं ने) के लिखे जाने की ओर गया। साथ ही ए-ये, ई-यी, उस्का-उसका, इस्से-इससे, सकता-सक्ता आदि वर्तनी विषयक अन्य समस्याओं की ओर भी गया। वर्तनी से सम्बन्धित समस्याओं के समाधान में वैसे तो अनेक पत्र-पत्रिकाओं ने योगदान किया, किन्तु काशी पत्रिका, वैष्णव पत्रिका, बिहार बन्धु तथा हिन्दी बंगवासी ने विशेष रूप से योगदान किया। 19वीं शताब्दी में तत्सम तथा तद्‌भव शब्दों की वर्तनी के सम्बन्ध में तो पूर्व निर्धारित परम्परा का अनुसरण होता रहा, किन्तु हिन्दी प्रदेश के न्यायालयों की भाषा उर्दू होने तथा शिक्षा में उर्दू को भी स्थान मिलने के कारण धीरे-धीरे अरबी-फारसी-तुर्की शब्द शिक्षित लोगों द्वारा अधिकतम शुद्ध रूप में लिखे जाने लगे तथा हिन्दी वर्तनी में क़, ख़, ग़, ज़, फ़ का काफी प्रयोग होने लगा। इसी परम्परा में 20वीं सदी में अँग्रेजी उच्चारण को ज्यों का त्यों रखने के लिए हिन्दी वर्तनी (देवनागरी लिपि) में 'ऑ' (जैसे- ऑफिस, डॉक्टर, कॉपी, आदि शब्द) के प्रयोग का चलन हुआ। वैसे तो विदेशी शब्द हिन्दी भाषा में ध्वनि-परिवर्तन के कारण नये रूप में स्वीकृत हुए किन्तु उनकी वर्तनी विदेशी भाषा के अनुरूप न

होकर उच्चारण के अनुरूप ही स्वीकृत हुई उदाहरणार्थ- किनारा (शुद्ध रूप किनारह), दारोगा शुद्ध रूप दारोग़ह) आदि।

जहाँ तक विदेशी शब्दों के लिखने की बात है, भक्ति तथा रीतिकाल में उन शब्दों की वर्तनी वह नहीं मिलती, जो उन शब्दों के शुद्ध रूप के निकट है, अपितु वह वर्तनी मिलती है, जो समाज में प्रचलित उच्चारण के अनुकूल है। उदारणार्थ- सूरदास के काव्य में 'कलई' (शुद्ध रूप कल़ई), खसम (शुद्ध रूप ख़सम), कागज (शुद्ध रूप काग़ज़), खता (शुद्ध रूप ख़ता), खर्च (शुद्ध रूप ख़र्ज), दगा (शुद्ध रूप द़गा)। इसी प्रकार तुलसी साहित्य में गरीब (शुद्ध रूप ग़रीब), हलक (शुद्ध रूप हल़क), लायक (शुद्ध रूप लायक़) आदि इसके प्रमाण हैं। इस प्रकार आधुनिक (19वीं सदी) काल के पूर्व हिन्दी वर्तनी के विभिन्न रूप प्रचलित थे।

विभिन्न विद्वानों के प्रयास

हिन्दी भाषा को मानक रूप प्रदान करने वालों में आचार्य महावीर प्रसाद द्विवेदी का नाम उल्लेखनीय है। जब वे 1903 ई० में 'सरस्वती' पत्रिका के सम्पादक बने, तब से 17 वर्षों तक, जब तक वे उस पत्रिका के सम्पादक रहे, हमेशा हिन्दी भाषा व उसकी वर्तनी के सुधार में लगे रहे। सम्पादन करते समय उनका ध्यान वर्तनी की ओर भी गया। उन्होंने प्रकाशित होने के लिए विभिन्न कवियों और लेखकों की रचनाओं में सम्पादन के साथ-साथ वर्तनी की दृष्टि से भी पर्याप्त सुधार किये। उसे देखने पर दो बातों का पता चलता है - (1) उस समय हिन्दी वर्तनी में क्या-क्या अव्यवस्थाएँ और गड़बड़ियाँ थीं (2) वर्तनी के सम्बन्ध में द्विवेदीजी के अपने निजी विचार क्या थे? नीचे कुछ मुख्य बातों का संक्षेप में वर्णन किया जा रहा है।

(1) द्विवेदीजी के समय में 'वर्तनी' के एक से अधिक रूप प्रचलित थे। उन शब्दों (वर्तनियों) में एक को द्विवेदीजी ने मानक रूप स्वीकार किया और क्रमशः वे ही 'मानक' रूप में स्वीकृत हो गये। उदाहरण के लिए एमेरिकन, अमरीकन **अमेरिकन**, निच-**नीच**, मेगजीन-**मैगजीन**, अस्थि पिंजर- **अस्थि-पंजर**, संदेशा- **संदेश**, रसायनिक- **रासायनिक**, इसाईयों- **इसाइयों**, अलाहाबाद-**इलाहाबाद**, इलावा-**अलावा**, जात-**जाति**, तौ-**तो**, हल्का-**हलका**, इंजिन-**एंजिन**, प्राणीमात्र-**प्राणिमात्र**, पैरिस-**पेरिस**, भग्वान-**भगवान**, फ़िरिश्ता-**फ़रिश्ता**, बहुमुल्य-**बहुमूल्य**, जिमींदार-**जमींदार**, रीपोर्ट-**रिपोर्ट**, बज़ार-**बाजार**, फ़र्क-**फ़रक**, सक्ता-**सकता**, उस्में-**उसमें**, उस्का-**उसका**, सर्कारी-**सरकारी**, तमाखू-**तम्बाकू**, पौदे-**पौधे**, बध-वध,

प्रगट-**प्रकट**, बख्त-**वक्त**, छुपाना-**छिपाना**, मुसल्मान-**मुसलमान** आदि। इनमें काले शब्द वाली वर्तनी द्विवेदीजी को मान्य थी।

द्विवेदीजी प्रारम्भ में 'य' श्रुतियुक्त रूपों के पक्षपाती थे, जैसे- गये, लिये, चाहिये आदि। आचार्यजी ने रामचन्द्र शुक्ल के एक लेख में '**किए गए**' को काटकर '**किये गये**' लिखा है। इसी प्रकार हिन्दी वैयाकरण कामता प्रसाद गुरु के लिखे गये शब्द '**वस्तुएँ**' को काटकर 'वस्तुयें कर दिया है। एक अन्य वाक्य '**कार्यों के लिये**' में '**लिये**' को काटकर द्विवेदीजी ने '**लिए**' कर दिया था। इसका अर्थ यह है कि वे क्रिया रूप के लिए '**लिये**' तथा अव्यय रूप में '**लिए**' के पक्षपाती थे। अन्तिम दिनों में वे क्रिया रूप में भी '**लिए**' के प्रयोग के हिमायती हो गये थे, क्योंकि कहीं-कहीं उन्होंने काटकर '**हुये**' की '**हुए**' तथा '**चाहिये**' को काटकर '**चाहिए**' भी किया है।

प्रारम्भ में संस्कृत भाषा के आधार पर द्विवेदीजी 'र' के साथ व्यंजनों के द्वित्व के पक्षधर थे। उन्होंने एक स्थान पर '**शिरोधार्य**' को काटकर '**शिरोधार्य्य**' किया है, किन्तु बाद में '**धर्म्म**' को काट कर '**धर्म**' किया है। ऐसे अनेक उदाहरण हैं।

विदेशी शब्दों में क़ ख़ ग़ ज़ फ़ के प्रयोग की परम्परा भारतेन्दु-काल से ही आ रही थी, किन्तु नियमित रूप से लोग इन अधोबिन्दुओं का प्रयोग नहीं करते थे। द्विवेदीजी ने अपने लेखन में तथा सम्पादक के रूप में लिखते व संशोधन करते समय इसका विशेष ध्यान रखा। अतः वे हिन्दी की वर्तनी में विदेशी शब्दों में अधोबिन्दु लगाने के पक्षधर थे।

द्विवेदीजी के लेखन में अँग्रेजी के 'ऑ' वर्तनी का प्रयोग नहीं है। अर्थात् वे हिन्दी वर्तनी में इस ध्वनि के समर्थक नहीं थे। हालाँकि उस काल में इसका प्रयोग हो रहा था। उस काल में प्रकाशित अनेक पुस्तकों में 'डॉक्टर' और ऑफ़िसर', ऑफिस आदि वर्तनी प्रयुक्त हो रही थी। द्विवेदीजी की एक पुस्तक 'अद्‌भुत आलाप' में दो-स्थानों (पृष्ठ-147 व 148) पर 'डॉक्टर' शब्द है, जो प्रेस की भूतों की कृपा लगती है।

अनुस्वार, चन्द्रबिन्दु तथा नासिक्य व्यंजनों के प्रयोग में भी उस काल में एकरूपता नहीं थी। द्विवेदीजी ने यथास्थानों पर '**अंगरेज**' को काटकर '**अँगरेज**', '**हंसी**' को काटकर '**हँसी**', '**गांधी**' को काटकर '**गाँधी**', '**मां**' को काटकर '**माँ**', फांसी को काटकर '**फाँसी**', किया है। वास्तविकता यह है कि शिरोरेखा के ऊपर कोई मात्रा न हो तो चन्द्रबिन्दु के लिए जरूरी उसी (चन्द्रबिन्दु) की मात्रा का प्रयोग किया जाये- यह द्विवेदीजी का बनाया गया

ही नियम प्रतीत होता है। जैसे- साँवला, सूँड, चाँद, फाँसी, ऊँट आदि। किन्तु यदि शिरोरेखा के ऊपर मात्रा हो तो अनुस्वार (ं) का प्रयोग चन्द्रबिन्दु (ँ) के स्थान पर किया जाये जैसे- कार्यों के स्थान पर कार्यों, ईटँ के स्थान पर ईंट, सोठँ के स्थान पर सोंठ, मैँ के स्थान पर मैं, मैँने के स्थान पर मैंने।

यदि संयुक्त व्यंजन का प्रथम अक्षर समस्थानीय पंचम नासिक्य हो, तो उसका या उसके स्थान पर अनुस्वार का प्रयोग किया जाये। जैसे- **अंत** या **अन्त**। वर्तमान में इसी '**अंत**' शब्द का अनुकरण अधिकतर विद्वान् लोग कर रहे हैं। किन्तु द्विवेदीजी **संस्कृत के नियम** को मानते हुए ऐसे स्थानों पर नासिक्य व्यंजन के ही पक्षपाती थे। उन्होंने अनेक स्थानों पर '**अंत**' को काटकर '**अन्त**', '**बंदर**' को काटकर '**बन्दर**', '**धर्मावलंबी**' को काटकर '**धर्मावलम्बी**' तथा '**फ्रांस** को काटकर **फ्रान्स** किया है। (***जबकि 'फ्रान्स' शब्द गलत है. दूसरे वर्ग में दूसरे वर्ग की नासिक्य मात्रा नहीं लगती है।***) अर्थात् वे तत्सम **अन्त**, तद्‌भव '**बन्दर**' तथा विदेशी '**फ्रान्स**' सभी में नासिक्य के पक्षपाती थे।

अन्तिम दिनों में आकर द्विवेदीजी विदेशी शब्दों में भी अनुस्वार को पसन्द करने लगे थे, क्योंकि कुछ स्थानों पर उन्होंने 'अन्दाज' को काटकर 'अंदाज' तथा 'मुन्शी' को काटकर 'मुंशी' तथा 'एन्जिन' को काटकर 'एंजिन' कर दिया। संस्कृत के नियमों का अनुसरण करते हुए उस समय बहुत से लोग अँग्रेजी शब्दों में 'च' और 'ज' के पहले 'ञ' का प्रयोग कर रहे थे। द्वि वेदीजी ने अपने संशोधनों में प्रारम्भ में 'ञ' को काटकर 'न' कर दिया। जैसे- इञ्जीनियर के स्थान पर 'इन्जीनियर', 'इञ्च' के स्थान पर 'इन्च', एञ्जिन के स्थान पर एन्जिन कर दिया। किन्तु बाद में वे इन सबमें अनुस्वार अर्थात् बिन्दु का प्रयोग करने लगे। ऐसा प्रतीत होता है कि अब तक वे मात्राओं के प्रयोग में स्थिर चित्त नहीं हो पाये थे। (***वैसे भी एक वर्ग की मात्रा, दूसरे में लगाना अशुद्ध है, किन्तु द्विवेदी जैसा विद्वान् ऐसा करता था।***)

(2) आचार्य कामता प्रसाद गुरु

कामता प्रसाद गुरु ने वर्तनी पर स्वतन्त्र रूप से कुछ भी नहीं लिखा, किन्तु सन् 1920 में उनका 'हिन्दी व्याकरण' प्रकाशित हुआ, जिसमें प्रत्यक्ष या अप्रत्यक्ष रूप से 'वर्तनी' से सम्बन्धित कुछ बातें आ गयी हैं। कामता प्रसाद गुरु ने अनेक स्थानों पर वर्तनी सम्बन्धी निर्देश दिये हैं। उनके अनुसार -

(1) संज्ञा शब्दों के साथ कारक चिह्न अलग लिखे जाने चाहिए, किन्तु सर्वनाम के साथ मिलाकर लिखे जाने चाहिए (जैसे- '**राम**' (संज्ञा) के

साथ **'ने'** (राम ने, सीता को, हरिद्वार में आदि)। सर्वनाम उस, इस के साथ जोड़कर, जैसा कि **'उसने'**, **'इसको'**, **'उसको'**, **उसने** आदि।

(2) छोटे-छोटे और साधारण सामासिक शब्द प्रायः एक-दूसरे से मिलकर लिखे जाने चाहिए। जैसे- स्त्रीशिक्षा, आसपास, रसोईघर, कैदखाना, किन्तु बड़े-बड़े और असाधारण सामासिक शब्द योजक चिह्न द्वारा जोड़कर, जैसे- विचित्र- रचना, नाटक-शाला, पथ-प्रदर्शक, सास-ससुर आदि। हिन्दी में कभी-कभी संस्कृत के ऐसे सामासिक शब्द जो सन्धि के नियमों से मिल सकते हैं, योजक के द्वारा लिखे जाते हैं, जैसे- वस्त्र-आभूषण, मत-एकता, हरि-इच्छा।

(3) अनुस्वार तथा चन्द्रबिन्दु का यथास्थान प्रयोग करना चाहिए किन्तु यदि शिरोरेखा के ऊपर कोई मात्रा हो, तो चन्द्रबिन्दु के स्थान पर अनुस्वार ही लगाया जाना चाहिए। (*यह महावीर प्रसाद द्विवेदी का अनुकरण है*)। वैसे चन्द्रबिन्दु के स्थान पर अन्यत्र भी अनुस्वार का प्रयोग किया जा सकता है (*ढुलमुल नीति यहाँ पर भी है*), यदि अर्थ में गड़बड़ी की आशंका न हो तो। यदि आशंका हो तो नहीं। उदाहरणार्थ- हंस-हँस, अंधेरा-अँधेरा।

(4) विदेशी शब्दों में ज़ फ़ का प्रयोग तो कामता प्रसाद जी ने किया, किन्तु क़ ख़ ग़ का नहीं। इसका तात्पर्य यह है कि वे लिखने में क़ ख़ ग़ के पक्षपाती नहीं थे, मात्र ज़ फ़ के पक्षपाती थे।

(5) छः और छह लिखने में वे विसर्ग (:) के समर्थक थे। यहाँ यह उल्लेखनीय है कि आचार्य किशोरीदास वाजपेयी तथा उन्हीं के आधार पर वर्तमान में भी 'छः' और छह' लिखते हैं। 'दुःख' में भी कामता प्रसादजी विसर्ग का ही प्रयोग करते थे, जबकि वर्तमान में बहुत से लोग 'दुख' शब्द का प्रयोग करते हैं।

(6) पृथक्, पश्चात् आदि उन सभी शब्दों में कामता प्रसादजी हल् चिह्न लगाने के समर्थक थे, जिनमें संस्कृत के अनुसार हल् लगाया जाता है।

आचार्य रामचन्द्र वर्म्मा

सन् 1944 ई० में सर्वप्रथम प्रकाशित पुस्तक 'अच्छी हिन्दी' में वर्म्माजी ने वर्तनी पर बहुत संक्षेप में विचार किया। उन्होंने वर्तनी पर कोई स्वतन्त्र पुस्तक नहीं लिखी। 'वर्तनी' शब्द के लिए इन्होंने उर्दू भाषा के 'हिज्जे' तथा हिन्दी भाषा के 'अक्षरी' शब्द का प्रयोग किया है। 'अक्षरी' शब्द का प्रयोग

बिहार प्रान्त में उस समय होता था। इसी प्रसंग में 'वर्तनी' शब्द को उन्होंने गुजराती भाषा से लिया गया बताया है। वर्म्माजी की हिन्दी की वर्तनी से सम्बन्धित मान्यताएँ निम्नलिखित हैं-

(1) आई-आयी, लिए-लिये, छुएंगे छुएँगे-छुयेंगे, करावे-कराये-कराए, चाहिये-चाहिए, पाए, पाये, पावे आदि में उन्होंने मात्र स्वर वाले रूप अर्थात् आई, छुएँगे, कराए आदि को ही ठीक माना। (***क्यों? इसका नियम व कारण उन्होंने नहीं दिया है।***)

(2) कुँअर-कुँवर, हलुआ-हलुवा-हलवा, गुजाइश-गुंजायश, घबराता-घबड़ाता, पौंड-पाउंड, पहिले-पहले, अँगुली-ऊँगली, रियायत-रिआयत, पालियामेंट-पार्लिमेंट पार्लमेंट, रेडियो-रेडिओ, युरोप-योरोप-यूरप का प्रश्न उठाकर भी उन्होंने किसी एक मत में अपना पक्ष नहीं लिखा है।

(3) **अँगरेज**-अँग्रेज, **कान्फरेंस**-कान्फ्रेंस, **गरमी**-गर्मी, **बिलकुल**-बिल्कुल, **सरदार**-सर्दार, **मुसलमान**-मुसल्मान, **माने**-मायने, **वेष**-भेष, **भेस**-भेष, **उपर्युक्त**-उपरोक्त, **स्वास्थ्य**-स्वास्थ, **स्वस्थ**-स्वस्थ्य में वर्मा जी प्रथम शब्द (काले में लिखित) को ही ठीक मानते थे।

(4) विद्वान् और विद्वान, भगवान् और भगवान, जगत् और जगत आदि दोनों रूपों को वे स्वीकार करते थे, किन्तु अपनी पुस्तक में उन्होंने प्रथम को ही लिखा है।

(5) **कुछ एक**-कुछेक, **हर एक**-हरेक, **मध्य एशिया**-मध्येशिया, **बख्शी**-बक्षी, **छठाँ**-छटवाँ, **पैतृक**-पैत्रिक, **व्यंग्य**-व्यंग, **नरक**-नर्क, **ब्रह्म**-ब्रम्ह, **चिह्न**-चिन्ह, **स्रष्टा**-सृष्टा, **अहल्या**-अहिल्या, **द्वारका**-द्वारिका, **सौदामिनी**-सौदामनी, **अहोरात**-अहोराति, **जाग्रति**-जागृति-जागर्त, **वापस**-वापिस, **सुपुर्द**-सिपुर्द, **क्यों**-क्यूँ, **यों**-यूँ, **तत्त्व**-तत्व, **महत्त्व**-महत्व, **कर्तव्य**-कर्त्तव्य, **सत्त्व**-सत्व, **मुर्च्छा**-मूर्छा, **गढ़ना**-घड़ना आदि में वे प्रथम (काले शब्दों) का प्रयोग उचित मानते थे।

(6) शिरोरेखा के ऊपर चन्द्रबिन्दु के स्थान पर अनुस्वार का प्रयोग सुविधा की दृष्टि से उन्हें स्वीकार था। (***यहाँ नियम नहीं, सुविधा की बात है।***)

(7) विदेशी शब्दों में वे अधोबिन्दु लगाने के विरोधी थे।

(8) विराम चिह्नों में कोलन के प्रयोग से वे बचने के पक्ष में थे।

आचार्य किशोरीदास वाजपेयी

आचार्य वाजपेयी ने हिन्दी भाषा का प्रौढ़ विश्लेषण तो किया ही है, हिन्दी वर्तनी के सम्बन्ध में भी काफी लिखा है। उनकी लिखी पुस्तकों में **'अच्छी हिन्दी का नमूना'** (1948), **राष्ट्र भाषा का प्रथम व्याकरण** (1949), **हिन्दी निरुक्त**, **'अच्छी हिन्दी'** (1952) तथा **'हिन्दी शब्दानुशासन'** (1948) प्रमुख हैं। दस वर्ष पश्चात् 1969 में वाजपेयीजी ने हिन्दी वर्तनी पर एक स्वतन्त्र पुस्तक **'हिन्दी की वर्तनी तथा शब्द विश्लेषण'** प्रकाशित की, जिसमें हिन्दी वर्तनी की अनेक समस्याओं पर विचार किया गया है। हिन्दी वर्तनी के सम्बन्ध में वाजपेयीजी के विचार निम्नलिखित हैं-

(1) संस्कृत में 'स्ट' का 'ष्ट' हो जाता है, इसी के अनुकरण पर बहुत से संस्कृत् परम्परा वाले हिन्दी के प्रयोक्ता ष्टेशन, माष्टर, मजिष्ट्रेट, मिष्टर आदि लिखते रहे हैं। वाजपेयीजी ने इसका विरोध किया। (***क्यों? यह नहीं लिखा***) उन्होंने स्टेशन, मास्टर, मजिस्ट्रेट, मिस्टर आदि को ही ठीक माना।

(2) आये-आए, आयी-आई, उठिये-उठिए, कीजिये-कीजिए जैसे रूपों में **ए-ई** वाले रूपों को ही वाजपेयीजी ने ठीक माना। अर्थात्- **आए, आई, उठिए, कीजिए** आदि ही ठीक हैं, किन्तु **'आये'**, **'आयी'** आदि भी ठीक हैं। (***एक ही नियम के दो नियम?***) वाजपेयीजी ने मात्र एकरूपता की दृष्टि से ही **'आये'**, **'आयी'** आदि के प्रयोग का वर्जन किया। इसी प्रकार **'नये'**, **'नयी'** ठीक है, किन्तु एकरूपता के लिए **'नए'**, **'नई'** ही ठीक हैं। (***यहाँ भी प्रयोग अस्त-व्यस्त, निश्चित नियम का अभाव व ढुलमुल नीति है।***)

(3) वाजपेयीजी के अनुसार दंपती-**दंपति**, राष्ट्रिय-**राष्ट्रीय** विस्तर-**विस्तार**, एकत्र-**एकत्रित**, राजनीतिक-**राजनैतिक**, छः-**छह**, गाएँ-**गायें** में काले अक्षरों बाले शब्द शुद्ध हैं।

(4) समास में वाजपेयीजी ह्रस्वीकरण के पक्षधर हैं, अतः वे दोपहर, दोपहरी, एकतरफ़ा, एकतारा, एकलौता, एकबारगी, ऊपरला, नीचला, पीछला, पीछड़ा को अशुद्ध तथा दुपहर, इकमुश्त, इकतरफा, इकतारा, इकलौता, इकबारगी, उपरला, निचला, पिछला, पिछड़ा को शुद्ध मानते थे।

(5) वाजपेयीजी के अनुसार एशियायी, हिंदूसभायी, भाषायी अशुद्ध हैं तथा एशियाई, हिंदू सभाई, भाषाई आदि शुद्ध हैं। अर्थात् यहाँ 'ई' प्रत्यय है 'यी' प्रत्यय नहीं।

(6) 'तत्त्व' तत्+त्व से बना है, अतः संस्कृत में 'तत्त्व' है, किन्तु वाजपेयीजी हिन्दी में **तत्व** लिखने की छूट देते हैं, (***क्यों?***)

(7) शिरोरेखा के ऊपर मात्रा होने पर चन्द्रबिन्दु के स्थान पर अनुस्वार रखने का वाजपेयी ने समर्थन किया है।

(8) पाञ्चजन्य को 'पांचजन्य' नहीं लिखा जा सकता। वाजपेयीजी तत्सम शब्दों में पंचम नासिक्य (जैसे- गङ्गा, चञ्चल, दन्त, अम्ब का ही प्रयोग उचित मानते थे, अनुस्वार का नहीं। इसी प्रकार तद्भव तथा विदेशी शब्दों में पंचम नासिक्य का प्रयोग न करके अनुस्वार का प्रयोग जैसे- लैंप, डंडा, ज़ंजीर, टंडन, जंघ आदि को ठीक मानते थे। (***जबकि संस्कृत के विद्वान् होने के कारण उन्हें ज्ञात था कि एक वर्ग की मात्रा दूसरे में प्रयोग करना अशुद्ध है।***)

(9) अंगूठी, कंगना, रंग-ढंग को भी वाजपेयी गलत मानते थे तथा अँगूठी, कँगना, रँग-ढँग को ठीक मानते थे। (***यहाँ वे चन्द्रबिन्दु के पक्षधर हैं।***)

(10) संस्कृत के अनुसार 'संसत्सदस्य' तथा 'संसदधिवेशन' शुद्ध हैं, किन्तु वाजपेयीजी की दृष्टि में संसद-सदस्य तथा 'संसद्-अधिवेशन' अधिक स्पष्ट व शुद्ध हैं। किन्तु हिन्दी में शरद्-चंद या राम-ईश्वर के स्थान पर शरच्चंद्र, तथा रामेश्वर लिखना वे ठीक मानते थे।

(11) वाजपेयीजी के अनुसार पितृ-वचन, मातृ-वचन तथा पितृपक्ष आदि संस्कृत के अनुसार हैं और हिन्दी में रच-बस गये हैं। उनके आधार पर हिन्दी में नेतृ-विश्वास, नेतृ-निर्वाचन लिखना ठीक नहीं। अपितु नेता-विश्वास, नेता-निर्वाचन होना चाहिए। इसी प्रकार मन्त्रि-मण्डल, मन्त्रि-परिषद् तो ठीक हैं, पर विद्यार्थि-परिषद् नहीं। विद्यार्थी-परिषद् ठीक होगा। नभो-मंडल हिन्दी में नहीं चलेगा, नभ-मंडल चलेगा। इसी प्रकार छंदोयंत्र, छंदोनिर्णय, छंदोदोष नहीं चलेंगे। छंद-भंग, छंद-निर्णय, छंद-दोष चलेंगे। मनोदशा, मनोविज्ञान, मनोरथ चल पड़े हैं, अतः चलेंगे, किन्तु संस्कृत विरोधी होता हुआ भी 'मनोकामना' हिन्दी के लिए शुद्ध है। ऐसे ही हिन्दी के लिए संस्कृत 'उपर्युक्त' भी ठीक है तथा हिन्दी का अपना उपरोक्त भी। (***जबकि उपर+उक्त-ऊपरोक्त शब्द बनता है, 'उपरोक्त' नहीं।***)

(12) वाजपेयीजी के अनुसार अन्तःराष्ट्रीय, अन्तर्राष्ट्रीय तथा अन्ताराष्ट्रीय गलत है, अन्तरराष्ट्रीय ठीक है। इसी प्रकार अन्तरप्रान्तीय तथा अन्तरदेशीय ठीक हैं।

(13) आधृत गलत है, आधारित ठीक है।

(14) भगवान्-भगवान, भगवत्-भगवत, सद्गुरु-सतगुरु आदि हिन्दी में दोनों शुद्ध हैं। (***निश्चित नियम का अभाव***)

(15) वाजपेयीजी के अनुसार विदेशी शब्दों के लिखने में अधोबिन्दु (क़ ख़ ग़ ज़ फ़) तथा ऑ के प्रयोग ठीक नहीं हैं।

(16) कारक चिह्नों को मिलाकर लिखना भी गलत नहीं है, किन्तु यदि एक ही पद्धति अपनानी है, तो व्यंजन आदि विभक्तियों को हटाकर (उस को) तथा स्वर आदि को सटा कर (उसे) लिखना ठीक होगा। ऐसा वाजपेयी का मानना था।

(17) 'चाहिए' बहुवचन में कुछ लोग 'चाहिएँ' लिखते हैं, किन्तु ऐसा लिखना गलत है। दोनों वचनों में 'चाहिए' ही रहता है, चाहिएँ' नहीं होता।

डॉ हरदेव बाहरी

सन् 1950 ई० में 'हिन्दी अनुशीलन' के 'भाषा' अंक में हिन्दी के प्रसिद्ध कोशकार व विद्वान् डॉ० हरदेव बाहरी का एक लेख '**हिन्दी में वर्ण विन्यास की समस्या**' छपा था। 1961 में 'भारतीय हिन्दी परिषद्' की ओर से हिन्दी वर्तनी की एकरूपता के लिए प्रारूप तैयार करने के लिए जो समिति बनी थी, उसमें डॉ० बाहरी भी एक सदस्य थे। 1965 ई० उनकी एक पुस्तिका '**शुद्ध हिन्दी**' प्रकाशित हुई थी, जिसमें वर्तनी सम्बन्धी भी कुछ बातें थीं। अलीगढ़ की हिन्दी वर्तनी संगोष्ठी में भी डॉ० बाहरी भी सम्मिलित थे और 'अभिनव भारती' में '**हिन्दी की वर्तनी में सन्धि और समास की समस्या**' शीर्षक से उनका एक लेख प्रकाशित हुआ था। वर्तनी की विभिन्न समस्याओं के सम्बन्ध में डॉ० हरदेव बाहरी के विचार निम्नलिखित थे-

(1) तत्सम शब्दों को उसी प्रकार लिखना चाहिए, जिस प्रकार वे संस्कृत में लिखे जाते हैं। उदाहरणार्थ- जगत्, भगवान्, परिषद्, वाक्, वन, दु:ख, नि:शंक, महत्त्व, उच्छ्वास, पूर्वार्द्ध, अधीन (आधीन नहीं), जागर्ति (जागृति नहीं), चिह्न (चिन्ह नहीं) आदि।

(2) संस्कृत में जिन शब्दों की दो या दो से अधिक वर्तनियाँ थीं, उनमें से हिन्दी के लिए एक ली जानी चाहिए। जैसे- भंडार (भांडार नहीं), अगार (आगार नहीं), भुजा (भुज नहीं)।

(3) जहाँ पंचम नासिक्य व्यंजन (ङ्०, ञ्, ण्, म्, न्) तथा अनुस्वार (-ं-) में विकल्प हो, वहाँ नासिक्य व्यंजन का प्रयोग उपयुक्त होगा, क्योंकि **संस्कृत में ऐसा ही नियम** है। अर्थात् 'प्रान्त' (न कि प्रांत), सम्भव (न कि संभव), मञ्च (न कि मंच) आदि।

(***जबकि स्वयं इनकी पुस्तक 'हिन्दी वर्तनी की समस्याएँ' में सर्वत्र अनुस्वार का ही प्रयोग है। यह प्रकाशक की कमी है, लेखक की, सम्पादक या प्रूफरीडर की पता नहीं***)

(4) विदेशी शब्दों में क़ ख़ ग़ ज़ फ़ के प्रयोग की आवश्यकता नहीं है। इनके स्थान पर हिन्दी में क, ख, ग, ज, फ ही लिखना उचित है। (***कारण नहीं बताया कि क्यों?***)

(5) जब दो अक्षर अलग-अलग उच्चरित हों, तो बीच में स्वर भुक्ति आनी चाहिए। अर्थात् मुसलमान (न कि मुसल्मान) चरबी (न कि चर्बी), दुशमन (न कि दुश्मन), रासता (न कि रास्ता), सरदी (न कि सर्दी), गरमी (न कि गर्मी) आदि। (***क्यों? इसका कारण नहीं बताया***)।

(6) जिन अरबी शब्दों में लोग कभी 'य' और कभी 'इ' का प्रयोग करते हैं, उनमें 'इ' का प्रयोग करना चाहिए, क्योंकि मूल उच्चारण यही है, जैसे कि 'दाइरा' न कि 'दायरा'। इसी प्रकार गुंजाइश, पैमाइश, पैदाइश आदि।

(7) जिन अरबी-फारसी शब्दों में मात्रा-प्रयोग स्पष्ट नहीं हैं, उन्हें बहुमान्य उच्चारण के अनुसार लिखा जाये। जैसे- 'रोशन' न कि रौशन, 'दाखल' न कि 'दाखिल', 'आखरी' न कि आखिरी, 'जबान' न कि जुबान आदि।

(***विद्वान् लेखक ने बहुप्रचलित शब्दों का मानक क्या है- अर्थात् किस आधार पर किसी शब्द को बहुप्रचलित माना जाये, यह नहीं बताया है।***)

(8) अँग्रेजी शब्दों को भी अक्षर की सीमा पर स्वरभुक्ति से लिखा जाये। जैसे- मासटर, पारसल, पेनसिल, डाकटर आदि।

(9) अँग्रेजी शब्दों में भी ज़ फ़ के स्थान पर ज, फ लिखा जाये।

(10) अँग्रेजी शब्दों में पंचम नासिक्य व्यंजन आने पर प्राय: तीन प्रकार से लिखा जाता है। जैसे- बण्डल, बन्डल और बंडल। इसमें अनुस्वार का ही प्रयोग किया जाये अर्थात्- बंडल। (***यह प्रयोग ठीक नहीं है। देवनागरी लिपि की हिन्दी भाषा के नियमानुसार बण्डल ही ठीक है।***)

(11) 'ऑ' का प्रयोग न किया जाये। अर्थात् डाक्टर न कि डॉक्टर।

(12) कुछ शब्दों में ह्रस्व 'ए' तथा ह्रस्व 'ओ' का प्रयोग होता है। किन्तु देवनागरी लिपि में इसके लिए कोई चिह्न नहीं है। अत: कभी तो 'ए', ओ (जैसे- साहेब, कालेज, मोटापा) और कभी 'इ', 'उ' (जैसे- साहिब, कालिज, मुटापा) का प्रयोग किया जाता है। ऐसी स्थिति में इ', 'उ' का प्रयोग किया जाना चाहिए। अर्थात् साहिब, कालिज व मुटापा ठीक है।

(13) लिए, दिए जैसे रूपों में 'ये' का प्रयोग होना चाहिए, हाँ, वास्ते के अर्थ में 'लिए' का प्रयोग करना अर्थभेद की दृष्टि से ठीक रहेगा। जैसे- **मैंने चार आम लिये** (क्रियावाचक रूप), **मेरे लिए कलम लाओ** (कारक के रूप में वास्ते के लिए)। ***(यही प्रयोग ठीक रहेगा।)***

(14) हँसी (हंसी), हँस (हंस) को छोड़कर सभी शब्दों में चन्द्रबिन्दु के स्थान पर बिन्दु (अनुस्वार का प्रयोग ठीक रहेगा। (***क्यों रहेगा, कहीं अनुस्वार और कहीं अनुनासिक?***)

हालाँकि डॉ० बाहरी ने अपनी पुस्तक 'शुद्ध हिन्दी' में उपर्युक्त बातों में से कुछ परिवर्तन किये और बाद में वे कुछ उदार हो गये।

श्री छत्रधारी सिंह

19वीं सदी के चौथे चरण अर्थात् लगभग 1884 में बिहार प्रान्त के निवासी श्री छत्रधारी सिंह ने 'बिहार बन्धु' पत्र के सम्पादक के आग्रह पर वर्तनी विषयक समस्याओं को 'काशी पत्रिका', 'वैष्णव पत्रिका' और 'हिन्दी बंगवासी' आदि से एकत्र करके और उनके संक्षिप्त समाधान के साथ खड्ग विलास प्रेस, बाँकीपुर से पुस्तक रूप में प्रकाशित किया। इस प्रकार हिन्दी वर्तनी पर पुस्तक लिखने वाले प्रथम व्यक्ति छत्रधारी सिंह हैं। पुस्तक नाम था- **'लेख नियम।'** इसमें प्रकाशित वर्तनी सम्बन्धी नियम कुछ इस प्रकार से हैं-

(1) 19वीं शती के समय सर्वाधिक चर्चित विषय कारक चिह्नों को मिलाकर या अलग लिखने का था। इसके दो वर्ग थे। श्री सिंह का कहना था कि जहाँ मिलाने से कोई विकार न हो, तो शब्दों को अलग लिखना चाहिए, किन्तु जहाँ विकार उत्पन्न हो, तो मिलाकर लिखना चाहिए। अर्थात् ने, को, से, का, में पर को अलग लिखना चाहिए, किन्तु 'ऐ' (जैसे- उसे) 'एँ' (जैसे-हमें), 'एरा' जैसे (मेरा), 'आरा' (जैसे- हमारा) को मिलाकर लिखना चाहिए। उनका कहना था कि संस्कृत में विकार होता है, अतः विभक्तियों को मिलाकर लिखते हैं। (***गोरखपुर से प्रकाशित मासिक पत्रिका 'कल्याण' में भी ऐसा ही लिखा जाता है।***)

(2) श्री सिंह ने यह मान्यता रखी कि यदि दो शब्दों में सन्धि हो, तो उसे मिलाकर ही लिखें। जैसे- अत्यधिक (अति-अधिक) किन्तु यदि सन्धि न हो, तो अलग-अलग लिखना चाहिए (जैसे- अति सुन्दर, अति प्रसन्न आदि)।

(4) श्री सिंह ने प्रत्ययों को मिलाकर लिखने का समर्थन किया, क्योंकि 'प्रत्यय' शब्द का अंग होता है। जैसे- मारनेवाला, होनहार, लड़कपन।

(5) भविष्यकाल की क्रिया में 'गा' को श्री सिंह ने शब्द के साथ मिलाकर लिखने को ही उचित माना। जैसे- चलेगा, आएगा, खाएगा आदि। किन्तु सहायक क्रियाओं में जैसे- होता है, करता था, खा गया, मार चुका, जाना पड़ा, रोने लगा- को अलग लिखना चाहिए। क्योंकि 'है', 'था', 'गया', 'चुका', 'पड़ा', 'लगा'- ये अलग हैं, किन्तु 'गा' प्रत्यय है। (***वर्तमान में सहायक क्रियाओं को अलग करके ही लिखा जा रहा है, किन्तु 'गा' के बारे में दो मत हैं. किशोरीदास वाजपेयी 'गा' को अलग करके लिखते हैं- जैसे- चले गा, खाये गा, आऊँ गा आदि, इसके विपरीत बहुत से लोग मिलाकर लिखने के पक्षधर हैं।***)

(6) 'सा', 'सी' को कुछ लोग मिलाकर लिखते थे, जैसे- रामसा, सीतासी तथा कुछ लोग अलग, जैसे- राम सा, सीता सी। श्री सिंह के अनुसार इनको अलग लिखना ही उचित है, क्योंकि 'सा', 'सी' आदि शब्द के अंग नहीं है। 'ऐसा' या जैसा का संक्षेप 'सा' एक अलग शब्द है।

(7) 19वीं शती में भूतकालिक कृदन्त् के स्त्रीलिंग रूपों को प्राय: 'यी' से, जैसे- आयी, चलायी, खायी आदि लिखा जाता था, किन्तु कुछ लोग इनमें 'ई', जैसे- आई, खाई, चलाई आदि रूपों का प्रयोग भी करते थे (***आज भी दोनों तरह से लिखा जाता है, कोई एक नियम मान्य नहीं है।***) श्री छत्रधारी सिंह ने 'ई' के प्रयोग का समर्थन करते हुए कहा कि राजा शिव प्रसाद सितारे हिन्द ने भी अपने व्याकरण में ऐसे शब्दों में 'ई' का ही प्रयोग किया है, 'यी' का नहीं। (***सितारे हिन्द ने किस आधार पर यह प्रयोग किया, श्री सिंह ने उसका उल्लेख नहीं किया है।***)

(8) कुछ लोग 'विजयी' को 'विजई' तथा 'वाजपेयी' को 'वाजपेई' लिखते थे। श्री सिंह ने कहा कि 'प्रकृति और प्रत्यय का ध्यान रखा जाना चाहिए। ऐसे ही कुछ लोग 'यी', 'ई' की अव्यवस्था में 'भलाई' को 'भलायी' लिखने लगे थे। श्री सिंह ने इसे गलत कहा।

(9) तत्कालीन समय में कुछ लोग चन्द्रबिन्दु के स्थान पर भी अनुस्वार का प्रयोग करते थे। जैसे- चाँद के लिए चांद या दाँत के लिए दांत। श्री सिंह ने कहा कि चन्द्रबिन्दु के स्थान पर चन्द्रबिन्दु का ही प्रयोग उचित है। वर्तमान में भी यह प्रवृत्ति जारी है। (***किन्तु बहुत से प्रकाशक केवल अनुस्वार का ही प्रयोग प्रत्येक मात्रा अनुनासिक या नासिक्य के लिए कर रहे हैं, जो ठीक नहीं है।***)

(10) अपनी पुस्तक के अन्त में श्री छत्रधारी सिंह ने कुछ ऐसे शब्दों की सूची दी है, जिनमें वर्तनी की भूल रूपरचना की भूल पर आधारित है। उस समय कुछ लेखक ऐक्य अथवा एकता के लिए 'ऐक्यता', धैर्य अथवा धीरता के लिए 'धैर्यता', सौजन्य के लिए सौजन्यता आदि लिखते थे। व्याकरण के अनुसार ऐक्य, धैर्य, सौजन्य में 'ता' प्रत्यय नहीं लगाया जाना चाहिए। वस्तुतः यह अशुद्धि वर्तनी की न होकर रूपरचना की अशुद्धि है।

निष्कर्षतः इतने चिन्तन व विचार प्राकट्य के बाद भी हिन्दी वर्तनी में एकरूपता स्थिर नहीं हो सकी।

●●●

अध्याय-पाँच

अखिल भारतीय हिन्दी प्रकाशक संघ के प्रयास

हिन्दी में वर्तनी की समस्या का समाधान करने के लिए अखिल भारतीय हिन्दी प्रकाशक संघ ने भी 1960ई० में वर्तनी की एकरूपता के लिए एक समिति गठित की, जिसके संयोजक 'राजकमल प्रकाशन' के श्री देवराज थे। समिति ने अगस्त 1960 में 'प्रकाशन समाचार', 'पुस्तक जगत', तथा 'हिन्दी प्रचारक' आदि पत्रिकाओं में विद्वानों की राय के लिए अपने सुझाव प्रकाशित किये। सुझाव इस प्रकार थे-

(1) संयुक्त और पृथक् शब्द-

(क) विभक्तियाँ शब्दों से अलग लिखी जानी चाहिए। जैसे- इंसान ने, कुतूहल से, घर पर, दीवार में आदि। किन्तु स्थान बोधक सर्वनामों को छोड़कर जैसे- वहाँ की, यहाँ से आदि। शेष सर्वनामों के साथ। 'पर' के अलावा उस पर विभक्तियाँ जुड़ी रहनी चाहिए। जैसे- हमको, उसने, इसलिए, सबके, उन्हीका आदि।

(ख) पूर्वकालिक क्रियाओं का 'कर' साथ में जुड़ा रहना चाहिए। जैसे- पीकर, खोलकर, समझाकर आदि।

(ग) संयुक्त क्रियाओं के दोनों अंश अलग-अलग लिखे जाने चाहिए। जैसे- जी गया, ले आये, कह बैठा, कर देगा आदि।

(घ) हीन, विहीन, रहित, सहित, युक्त, दायक, ग्रस्त, पूर्वक, चकित, जनक, जन्य, जनित, परक, पूर्ण, कृत, चिन्तक, स्वरूप, निष्ठ, गत, प्रद, मय, च्युत, सूचक, सिद्ध आदि शब्द किसी दूसरे शब्द

के साथ लगाये जाने पर उसके साथ जुड़े रहने चाहिए, जैसे- पदच्युत, हितचिन्तक, कोलाहलमय, उपहारस्वरूप, कलापूर्ण, शान्तिपरक, तुलसीकृत, भावहीन आदि।

(ङ) संख्यावाचक विशेषण 'प्रति' संज्ञा के साथ जुड़ा रहना चाहिए। जैसे- प्रतिक्षण, प्रतिशत, प्रतिदिन आदि।

(च) 'वाला' के प्रयोग से बनी कर्तृवाचक संज्ञा के दोनों खण्ड अलग-अलग लिखे जाने चाहिए। जैसे- बाँसुरी वाला, दौड़ने वाला, दुपट्टे वाली आदि।

(छ) आदरसूचक 'जी' मूल संज्ञा के साथ जुड़ा रहना चाहिए। जैसे- महात्माजी, बहनजी, हंसराजजी, बाबूजी आदि।

(ज) दो भिन्न शब्दों के संयोग से बने हुए प्रचलित शब्द जुड़े रहने चाहिए, जैसे- वादविवाद, निम्नलिखित, चालचलन, ग्रामवासी, यथास्थान, आत्महत्या, देखभाल आदि।

(झ) निम्नलिखित परिस्थितियों में शब्दों के बीच में हाइफन (-) का प्रयोग होना चाहिए -

(1) जब दो शब्दों का सम्बन्ध दिखाते हुए बीच की विभक्ति का लोप कर दिया जाये। जैसे- स्वरूप-विश्लेषण, कृषि-मन्त्री, नदी-किनारे, साहित्य-समारोह, अशोक-सम्बन्धी, शब्द- चमत्कार, ममता-भरी, सिगरेट-केस, पाँव-तले, सरकार-विरोधी आदि।

(2) जब अतिरिक्त प्रभाव के लिए किसी विशेषण को दोहराया जाये अथवा समानार्थ या विपरीतार्थक शब्दों को मिलाकर चमत्कार की सृष्टि की जाये। जैसे कि- कैसे-कैसे, दो-चार, किसी न किसी, रोज-रोज, पति-पत्नी, सब-के-सब, पढ़-लिखकर, हँसी-मजाक, निराशा-पर-निराशा, झुक-झुककर, लिया-दिया, आचार-विचार, नये-से-नया, थोड़ा-बहुत, लेन-देन आदि।

(3) जब 'विशेष' विशेषण को संज्ञा से मिलाकर एक ही संज्ञा की रचना की जाये। जैसे- व्यक्ति-विशेष, कार्य-विशेष आदि।

(4) जब किसी शब्द के साथ 'भर' अथवा 'मात्र' लगाकर पूर्णता या सीमा का आभास दिया जाये। जैसे- दिन-भर, जीवन-भर, शक्ति-भर, भर-पेट, घर-भर में, अनुभूति-मात्र, स्वप्न-मात्र आदि।

(5) जब किसी शब्द के साथ जैसा, जैसे या जैसी के अर्थ में 'सा', 'से' या 'सी' का प्रयोग किया जाये। जैसे- फूल-सी कोमल, एक-से चेहरे, सागर-सा गहन, गेंद-सा गोल, पत्थर-सा अटल आदि।

(2) शब्दों में प्रयुक्त 'ये', 'यी' अथवा 'ए', 'ई'

(क) 'या' से अन्त होने वाली भूतकालिक कृदन्त क्रियाओं के स्त्रीलिंग और बहुवचन में 'ये' और 'यी' का प्रयोग होना चाहिए। जैसे- आये, गयी, किये, दिये, पिलायी, दिखायी (क्रिया), ललचायी (क्रिया) आदि। किन्तु संयुक्त क्रियाओं के अन्त में 'ए' और 'ई' का ही प्रयोग होना चाहिए। जैसे- हँसते गए, रोती आई, रख दिए, चली गई आदि। इसी प्रकार जहाँ कहीं संयुक्त क्रिया के दोनों शब्दों के अन्त में 'ये', ए, अथवा 'यी', 'ई' ध्वनि हो, वहाँ पहले शब्द में 'ये' और 'यी' तथा दूसरे शब्द में 'ए' और 'ई' का प्रयोग होना चाहिए। जैसे- 'बताये गए', उठायी गई आदि। (***यह भी मनमाने नियम हैं. कहीं 'यी', होता है, कहीं 'इ', 'ई', कहीं 'ए', 'ये'।***)

(ख) जिन विशेषणों का अन्त 'या' से होता है, उनके स्त्रीलिंग और बहुवचन रूप में 'यी' और 'ये' का प्रयोग होना चाहिए। जैसे नयी, नये, परायी आदि।

(ग) 'लिये' और 'लिए' में विभक्ति के रूप में प्रयुक्त होने पर 'ए' तथा क्रिया 'लिया' के बहुवचन में 'ये' रहना चाहिए। जैसे- 'आपके लिए यह मधुर आम', 'हाथ में पुस्तक लिये वह पहुँचा' आदि।

(घ) उपर्युक्त नियमों को ध्यान में रखते हुए 'ए' तथा 'ई' ध्वनि से युक्त सब शब्दों में चाहे वे आज्ञार्थक तथा सम्भावनार्थक क्रियाएँ हों अथवा आदरसूचक आज्ञा के या क्रियाओं के भविष्यत् रूप हों, 'ए' और 'ई' का ही प्रयोग होना चाहिए। जैसे- आइए, जाएगा, खाएँगे, चाहिए, पिएँ, हँसिएगा, दीजिए, जाइए, जग-हँसाई, अच्छाई, ललचाई (विशेषण), दिखाई (संज्ञारूप) आदि।

(3) हिन्दी में संस्कृत के शब्द

(क) जो संस्कृत शब्द हिन्दी में कुछ रूप बदल कर प्रचलित हैं, उन्हें (शास्त्रीय लेखन को छोड़कर) उनके हिन्दी रूप में ही लिखा जाना चाहिए। जैसे-महत्व, कर्तव्य, उज्वल, तत्व, दुख, निस्संकोच आदि, न कि महत्त्व, कर्त्तव्य, उज्जवल, तत्त्व, दुःख, निःसंकोच आदि।

(ख) संस्कृत व्याकरण के नियमानुसार 'हल्' चिह्न' का प्रयोग यथास्थान अवश्य होना चाहिए। जैसे- भगवान्, महान्, विद्वान्, किंचित्, पृथक्, जगत् आदि।

(4) हिन्दी में अन्य भाषाओं के शब्द और ध्वनि चिह्न

(क) साधारणतया 'ज' और 'ज़' ध्वनि में भेद करने के लिए नुक्ते (अधोबिन्दु) का प्रयोग अवश्य किया जाना चाहिए। विशेष रूप से जहाँ कहीं मिलते-जुलते हिन्दी शब्दों के कारण अर्थभेद को स्पष्ट करने की आवश्यकता हो, वहाँ उर्दू के शब्दों में नुक्तों का प्रयोग होना ही चाहिए। जैसे- तेज़, बाज़ू, ताक़, ज़रा, ज़ीना, राज़ आदि में।

(ख) अन्य भाषाओं के अनेक शब्द जिनके उच्चारण के बीच में अक्षर की अर्द्धध्वनि और पूर्णध्वनि सन्देहास्पद हो, पूरे अक्षर ही लिखे जाने चाहिए। जैसे- गरमी, सरदी, शरम, बरफ़, बिलकुल, कुरसी, बरामदा, भरती, बरदास्त, हलका, गरदन, बरतन, फ़ुरसत आदि।

(5) अनुस्वार और चन्द्रबिन्दु

(क) जहाँ कहीं अनुस्वार-ध्वनि से अगला अक्षर टवर्ग, तवर्ग, या पवर्ग का हो, वहाँ विशिष्ट प्रचलित शब्दों को छोड़कर (विशेष संस्कृतजनित शब्द, जैसे- संत्रस्त, ससंभ्रम) शेष में अनुस्वार के स्थान पर उस वर्ग के पाँचवें वर्ग के अर्द्धाक्षर का प्रयोग करना चाहिए। अन्य सब परिस्थितियों में अनुस्वार का। जैसे पंगु, अकिंचन, सुन्दर, सम्बन्ध संवर्द्धन, अन्त, गुण्ठन आदि। (***यहाँ भी दोहरे नियम का प्रावधान है।***)

(ख) अनुस्वार से ध्वनिभेद को स्पष्ट करने के लिए चन्द्रबिन्दु का प्रयोग यथास्थान अवश्य करना चाहिए। जैसे- हँसमुख, जाएँगे, दिखाएँ, सँवारकर, दायाँ, चाहिएँ (बहुवचन) (***वाजपेयीजी ने 'चाहिएँ शब्द को गलत माना है।***), महँगा आदि। किन्तु मुद्रण और लेखन की असुविधा को देखते हुए ि, ी, े, ै, ो, तथा ौ की मात्राओं के साथ चन्द्रबिन्दु का प्रयोग नहीं होना चाहिए। जैसे- में, मैं, के साथ चन्द्रबिन्दु का प्रयोग। (***वर्तमान में भी कम्प्यूटर का प्रचलन हो जाने पर इन मात्राओं के चिह्न में, मैं आदि पर लगाने के लिए नहीं बन पाये हैं।***)

प्रकाशक संघ के उपर्युक्त सुझावों पर बहुत से विद्वानों और प्रकाशकों के सुझाव, कुछ कड़वे, खट्टे और मीठे आये थे, जिनमें से कुछ प्रमुख सुझाव, विचार निम्नलिखित हैं-

(1) डॉ० नगेन्द्र

(1) 'संयुक्त और वियुक्त शब्द' के अन्तर्गत (च) में 'वाला' से बनी कर्तृवाचक संज्ञा अलग-अलग न लिखकर 'वाला' शब्द के साथ जुड़नी चाहिए। जैसे- बाँसुरीवाला, दौड़नेवाला, दुपट्टेवाली आदि।

(2) शब्दों में प्रयुक्त 'ये', 'यी' अथवा 'ए', 'ई' के अन्तर्गत (2-क)) में संयुक्त क्रियाओं के अन्त में तथा संयुक्त क्रियाओं के दोनों शब्दों के अन्त में 'ये' 'यी' ही होना चाहिए। जैसे- आये, गये, गयी, दिये, किये, पिलायी, दिखायी, ललचायी आदि। आए, गए, गई, दिए, किए, पिलाई, दिखाई, ललचाई आदि नहीं।

इसी प्रकार संयुक्त क्रियाओं के भी अन्त में 'ये' और 'यी' का प्रयोग होना चाहिए। जैसे- हँसते गये, रोती आयी, रख दिये, चली गयी आदि। हँसते गए, रोती आई, रख दिए, चली गई आदि रूप नहीं।

संयुक्त क्रियाओं के दोनों शब्दों के भी अन्त में 'ये' 'यी' का ही प्रयोग होना चाहिए। (जैसे- बताये गये, उठायी गयी, आदि।)

(इ) हिन्दी में संस्कृत शब्द के अन्तर्गत (3-क) में उल्लिखित उज्ज्वल के उच्चारण के अनुसार भी 'ज' में द्वित्व है- उत्+ज्ज्वल। अत: 'उज्ज्वल' ही शुद्ध है। दु:ख और दुख- ये दोनों ही हिन्दी में प्रचलित हैं। केवल दु:ख लिखने में छन्दोभंग होगा।

इसी शीर्षक के (3-ख) में जिन शब्दों का संस्कृतत्व प्राय: लुप्त हो चुका है और जो सामान्य हिन्दी शब्द बन चुके हैं, उनमें हल् चिह्न का प्रयोग व्यर्थ है। भगवान, महान, विद्वान लिखना ही उचित होगा।

(2) श्री रामलालपुरी (आत्माराम एण्ड संस, दिल्ली)

(1) श्रीपुरी 'संयुक्त और वियुक्त शब्द' शीर्षक के अन्तर्गत नियम झ-3 और झ-4 से सहमत नहीं थे। उनके अनुसार हिन्दी को सरल और मुद्रण की सुविधा के लिए भी हाइफन का प्रयोग कम से कम होना चाहिए। विशेष विशेषण को संज्ञा से मिलाकर एक ही संज्ञा की रचना की जाये और उसमें हाइफन न लगाया जाये। आज भी कई पत्रिकाओं में 'कार्यविशेष'

और 'व्यक्तिविशेष' छपता है। 'भर' या 'मात्र' किसी शब्द के बाद आये, तो उन्हें अलग ही रखा जाये।

(2) नियम-2(ग) के अन्तर्गत कहीं पर 'लिये' और कहीं 'लिए' चलाना सर्वथा अनुचित होगा। प्रूफरीडिंग करने वालों के लिए यह शब्द सिरदर्द बन जायेगा। साथ ही लिपि में एकरूपता भी न आ सकेगी। अतः सर्वत्र 'लिए' का ही प्रयोग होना चाहिए। (***गलत बात, दोनों अलग-अलग रूप होने ही चाहिए, क्रियावाची के लिए 'लिये' तथा कारक विभक्ति के लिए 'लिए'। यह किसी भी प्रकार सिरदर्द नहीं बनेगा।***)

(3) नियम-3(क) के अनुसार 'महत्त्व, 'उज्ज्वल' और 'तत्त्व' शब्द हिन्दी में शुद्ध रूप में ही लिखे जाने चाहिए- 'महत्व', 'उज्वल' और 'तत्व' रूप में नहीं।

(4) नियम-4(क) के अन्तर्गत उर्दू तथा अन्य भाषाओं के शब्दों में नुक्तों (अधोबिन्दुओं) का प्रयोग अनावश्यक है) केवल जहाँ उर्दू-फारसी के शेर आ जायें, वहीं पर नुक्ता लगाया जाये। 4-(ग) के अनुसार अर्द्धचन्द्र (ॅ)का भी प्रयोग आवश्यक नहीं है। (***डॉ०-पी-एच०डी० व डी० लिट० के लिए तथा डा० का प्रयोग चिकित्सकों के लिए किया जाता है, यही दोनों में अन्तर रखता है***)

(5) नियम 5-(ख) के अनुसार चन्द्रबिन्दु का प्रयोग भी आवश्यक नहीं माना जाना चाहिए।

(3) श्री बलराम शास्त्री (बुक्स ऐण्ड बुक्स), पटना

शास्त्रीजी कहना था कि धारा-1 की उपधारा 'झ' के पाँचवें खण्ड के तात्पर्य का मैं समर्थन करता हूँ। किन्तु वहाँ मैं व्याकरण- नियम के नाते, हाइफन देने का समर्थन नहीं करूँगा बल्कि अँग्रेजी में चलने वाले लुप्ति चिह्न को ही हाइफन के बदले उचित समझूँगा। वहाँ यह प्रणाली होनी चाहिए- मूल कथ्य है- फूल के जैसा। समास रूप हुआ- फूल जैसा, समास लाघव हुआ- 'फूल-सा'।

मेरा तर्क है कि यहाँ षष्ठी विभक्ति के लोप के नाते जबकि समास को व्यक्त करने के लिए हाइफन दिये जाने की प्रथा है, तो समास को व्यक्त करने के साथ-साथ मात्रा या शब्दलोप जैसे लाघव को व्यक्त करने वाला, जैसे कि 'जैसा' से 'जै' का लोप '-सा' मात्रा शेष को प्रकट करने के लिए 'सा' के पहले लुप्ति चिह्न भी आवश्यक है।

दूसरी धारा में उपधारा (क) और (ख) नितान्त नियम विहीन हैं, क्योंकि हिन्दी क्रियाएँ धातुरूप के साथ-साथ अपने परसर्ग रूपों को लेकर ही पूर्ण होती हैं। अतः उनकी मूलधातु और परसर्ग में लिंग-वचन पुरुष आदि के कारण अलग-अलग अन्तर पड़ता है और इस अन्तर के आने के कारण उन्हें संयुक्त क्रिया कह देने में कोई तुक नहीं है।

रूपावली के अनुसार 'दिखायी दिये' को 'दिखाई दिए' या 'दिखाई दिये' लिखने का धातुरूप चलाने का कोई नियम नहीं बन सकता। अतः धातुरूप के परसर्ग के अन्तिम यकाराघात का 'ए' या 'ई' में लाघव करना निरर्थक और साथ ही साथ निर्नियम भी है। यह सत्य है कि इससे मुद्रण या लेखन में सुविधा होती है। किन्तु इस लाघव की व्याकरण में उचित व सुचारू सिद्ध करते समय जितने अपवादसाधक सूत्र बनाने पड़ेंगे और उनकी इतनी फक्किाएँ (व्याख्याएँ) देनी पड़ेंगी, उसकी स्थूलता पर शायद बिना सोचे ही यह धारा बना दी गयी है।

यदि इस धारा की उपधारा (क) में धातु रूप के परसर्ग के अन्त को ये-यी की जगह ए, ई के आपात द्वारा लघु करने की बात की जाती है, तो क्या कारण है, कि उपधारा 'ख' में कृदन्त के साथ वैसी ही बात नहीं की जाती, जबकि धातुरूप के मुकाबले कृदन्त में ऐसा करने से इतनी अधिक आसानी होती है कि उसके लिए कम या नहीं के बराबर ही अपवाद साधक सूत्र बनते हैं।

इस धारा की उपधारा (ग) का भी अर्थ समझ में नहीं आता। क्योंकि विभक्ति के अर्थ में या क्रिया के अर्थ में आने वाले 'लेना' धातु के अर्थ में कहीं भी कोई अन्तर नहीं है। जैसे- 'राम के लिये' में लेना' धातु के अर्थ में ही 'के लिये' विभक्ति बनी है, दूसरे अर्थ में नहीं, यह बात तात्पर्य गत है। इसलिए कोई कारण नहीं कि धातुरूप में 'लिये' और विभक्ति रूप में 'लिए' का प्रयोग किया जाये।

इस धारा की उपधारा (घ) में भी वैसे ही अनन्त अव्याख्याय अपवादों की सृष्टि की गयी है। 'आइये, पियें, हँसियेगा- प्रकार के यकारी प्रत्ययों में ही लोट या विधि के रूप चलाने में आसानी है, न कि आइए, पिएँ, हँसिएगा जैसे 'एकारी प्रत्ययों में। यदि लोट् या विधि में 'ए' कार प्रत्यय चलाये जा सकें, तो इस अपवाद को भी सिद्ध करने के बहुतेरे अनुशासन-सूत्र और फक्किकाएँ देनी पड़ेगी। हाँ, जब धातु से कृदन्त या तद्धित रूप बनें, तो वह गुणवाची संज्ञा के रूप में हो जाता है और तब 'य' कार प्रत्यय को 'ए'

कार किया जा सकता है। क्योंकि तब एक ही अपवाद साधक सूत्र इसके औचित्य को सिद्ध करने के लिए पर्याप्त है। जैसे- 'जगहँसाई' के प्रत्यय अर्थ में फर्क को समझे बिना एक ही नियम की लाठी से दोनों रूपों को हाँकने जैसी भूल अक्षम्य ही कही जाएगी।

धारा-3 की उपधारा (क) तो हिन्दी के नाते अवश्य मान्य है, जहाँ कि संस्कृत के 'उज्ज्वल' को हिन्दी का 'उज्वल' और 'दु:ख' को 'दुख' किया गया है। किन्तु यहाँ भी छन्दों के लिए 'दु:ख' जैसे त्रिमात्रिक की गुंजाइश छोड़नी चाहिए थी और हिन्दी के इसी प्रचलन की शर्त के नाते कोई कारण नहीं है कि इस धारा की उपधारा (ख) के द्वारा संस्कृत के हलन्त शब्दों को हलन्त में ही लिखा और पढ़ा जाये। क्योंकि मान लीजिए कि हमने इस शर्त के अनुसार 'विद्वान' को 'विद्वान्' लिखना ही उचित ठहराया, तो इसमें शब्दरूपों वाले हिन्दी के परसर्ग अर्थात् विभक्तियाँ कैसे जुटेंगी? क्या 'विद्वान्से', 'विद्वान्में', 'विद्वान्पर' या 'विद्वान्के' के लिए लिखा जाएगा? इस उपधरा में दूसरी विडम्बना यह है कि 'महान' और 'विद्वान' जैसे शब्दों को भी मुक्त करने के साथ-साथ 'किंचित्' और 'पृथक्' जैसे अव्ययों को भी मुक्त कर दिया गया है, जबकि अव्ययों में हलन्त रहने से, उनमें परसर्ग लगने की कोई गुंजाइश न होने के कारण, कुछ आता-जाता नहीं, बल्कि परसर्ग लगने की योग्यता वाले शब्दों में ऐसी विधि से बहुत कुछ बुद्धिविभ्रम का घाटा है।

धारा-4, की उपधारा (क) और (ग) के विषय में हमारा मतभेद यह है कि हिन्दी के अक्षर-स्वरूप कण्ठ के उच्चारण के आधार पर ही बने हैं, वातज, पित्तज और कफज विकारों को लेकर नहीं। कण्ठ की जिस कफात्मक गलगलाहट को लेकर उर्दू के क़ ख़ ग़ फ़ ज़ आदि अक्षर बनते हैं या अँग्रेजी के वातज कण्ठ-विकार के कारण जो अधौंकारी उच्चारण बनता है, यदि उन सबके लिए अपनी चलती भाषा में चिह्न जारी किये जायें, तो चार (कुछ) दिनों के बाद फ्रेंच, लैटिन, दक्षिण अफ्रीकी, चीनी आदि जितने पक्षी-चतुष्पदों जैसे विकारी उच्चारण हिन्दी में आने लगेंगे, उन सबके लिए चिह्नविशेष नियुक्त करना असम्भव ही होगा।.... अँग्रेजी और उर्दू के अलावा दूसरी भाषाओं के शब्द तो हिन्दी में आयेंगे ही। हाँ, शब्दकोशों में या व्याकरण में उच्चारण-अपभ्रशों के चिह्न के देने की बात सोची जा सकती है। जहाँ तक अर्थ-अनर्थ का प्रश्न है, वह तो बहुतेरे (बहु अर्थकों) बह्वर्थकों का साथ, जैसा कि प्रसंग-सापेक्ष (प्रसंग के अनुसार) है, इसी तरह इनमें भी होगा।

इस धारा की उपधारा (ख) ठीक ही है, मगर वहाँ भी हठ से काम नहीं चलेगा। क्योंकि कविता की प्रसंग-प्रमुख शब्द-ध्वनि के नाते 'शर्म' और 'शरम' दोनों के प्रयोग का विकल्प तो देना ही होगा।

धारा-5 के विषय में मेरा विचार है कि 'पंगु', 'अकिंचन' या 'अंत' में सभी शब्द संस्कृत-जनित नहीं, संस्कृत ही हैं। और इन जैसे सभी शब्दों में अनुनासिक हलाक्षरों की जगह अनुस्वार ही प्रयुक्त होना चाहिए। यदि इसमें कहीं छूट या अपवाद किया जा सकता है, तो वह मात्रोत्तर अनुनासिक हलाक्षरों (अर्द्ध-अक्षरों) के लिए ही। क्योंकि मात्रा के बगल में अनुस्वार (ं), छपाई के बीच टूटने या दबने के कारण अस्पष्ट हो जाता है। इसलिए उसे अगले अक्षर के वर्ग का पंचम कर संयुक्त किया जाये। मैं, हैं, आदि शब्दरूप या क्रियारूप, स्वयं पूर्णत्व की लाचारी के नाते अपवाद किये जा सकते हैं। इस प्रकार सुंदर, अंत, अकिंचन, में आदि रूप ही अनुस्वार-प्रयोग के सही प्रयोग होंगे। (***अब तो टाइप वाले अक्षर कम्पोंजिग का जमाना नहीं रहा। वर्तमान में तो प्रायः सभी हिन्दी अक्षरों, चाहे वे वर्ण हो, या संयुक्त वर्ण हों, कम्प्यूटरों के साफ्टवेयर में उपलब्ध हैं और अक्षरों के टूटने आदि का खतरा भी नहीं रहा। इसलिए यह बात अब उचित नहीं है।***)

'प्रकाशन-समाचार' के उक्त अंक में ही रामलालपुरी जी का एक यह विचार है कि नियम-5 (ख) के अनुसार चन्द्रबिन्दु का प्रयोग आवश्यक नहीं माना जाना चाहिए।' मुझे इस विचार से विरोध है, क्योंकि एक शब्द है 'मँदरा'। यदि इसे 'मंदरा' लिखा जाये, तो इसका उच्चारण 'मन्दरा' होगा, जो 'मँदरा' वाला उच्चारण क़तई नहीं है। 'मँदरा' में जो छान्दसि मिठास के साथ-साथ चार मात्रा वाला लाघव है, वह 'मंदरा' में पाँच मात्रकता जैसी गुरुता तथा उच्चारण में आये हुए झटके के कारण, अपने स्थान पर कदापि शुद्ध नहीं है। वेदमन्त्रों की बात तो विशेष है, हिन्दी के साधारण लोक गीतों या लोकोक्तियों की ह्रस्वात्मकता की हानि शायद पुरीजी अपने उक्त विचार को लागू करते हुए नहीं करना चाहेंगे।

श्री सुधीरचन्द्र मजूमदार, मुजफ्फरपुर (बिहार)

अब हिन्दी सर्वभारतीय भाषा बन गयी है, अतः इसे सर्वमान्य करने के लिए तथा इसमें एकरूपता लाने के लिए तत्सम शब्दों का शुद्ध संस्कृत विवरण (वर्तनी) रखना चाहिए। हिन्दी भी अपने शब्द भण्डार के लिए संस्कृत की ही अधिक ऋणी है और वही हिन्दी से दूसरी भाषाओं का योगसूत्र है।

संस्कृत-व्याकरण के अनुसार जब दो पदों में सन्धि होती है, तो अनुस्वार या परसर्ग दोनों शुद्ध हैं, किन्तु लिखने की सुविधा के लिए लोग अनुस्वार ही अधिक लिखते हैं। जैसे- अलंकार, भयंकर, धनंजय। किन्तु जब एक ही पद के भीतर सन्धि हो, तो केवल पर-सवर्ण ही विहित है। अतः शंका, शांति आदि लिखना भूल है।

'यहाँ', 'हूँ' आदि में चन्द्रबिन्दु सभी लिखते हैं, किन्तु 'घरों', 'में', नहीं, हैं आदि लिखने में अनुनासिक (ँ) स्वरभाव के उच्चारण होने पर भी चन्द्रबिन्दु के स्थानाभाव के कारण अनुस्वार ही लिखा जाता है। अतः एकरूपता के लिए अनुस्वार का दूसरा रूप सोचना चाहिए। (***यह विवशतावश है, कोई नियम नहीं है।***)

हिन्दी में हल् चिह्न का भी निर्विचार प्रयोग होता है। स्मरण रहे कि क = क्+अ है और इस अन्तिम अकार को काटने के लिए ही हल्-चिह्न का प्रयोग होता है। प्रायः देखा जाता है कि श्रीमान्, भगवान, जगत् लिखने में लोग हल्-चिह्न देते ही नहीं (यथा-पुस्तक-जगत), परन्तु उधर 'गत', 'सन', 'दशम', 'मध्यम', लिखने में कसकर हल्-चिह्न दे देते हैं।

श्री हर्षनारायण (लखनऊ)

1-(**क**) विभक्तियाँ सर्वनामों से भी असंयुक्त ही रहनी चाहिए। (ख) पूर्वकालिक क्रियाओं का '**कर**' भी उनसे असंयुक्त रहना चाहिए अन्यथा एक के बाद एक कई पूर्वकालिक क्रियाओं का प्रयोग करने पर प्रत्येक के साथ अनावश्यक रूप से '**कर**' की आवृत्ति करनी पड़ेगी। हम 'खा', 'पी' और 'खेलकर सोया' क्यों लिखें? 'कर' शब्द के क्रिया का अंग बन जाने पर तो इसे 'खा' और 'पी' से वियुक्त (अलग) किया ही नहीं जा सकता। और 'कर' तो एक स्वतन्त्र क्रिया ही है। वह अन्य क्रियाओं के साथ पर्याप्त कारण के अभाव में क्यों मिले?, इसलिए 'खा-पी' और 'खेलकर सोया' लिखना ही ठीक है। (ङ) में संख्यावाचक 'प्रति' को भी संज्ञा के साथ मिलाकर लिखने का औचित्य नहीं दिखता। 'प्रतिक्षण' और 'प्रतिदिन' जैसे दो शब्दों में तो ऐसा करने में कोई कठिनाई नहीं जान पड़ती,.... किन्तु प्रति दो सहस्र में क्या करेंगे? इन्हें मिलाकर लिखने में 'प्रतिदोसहस्र' जैसा बेडौल पद बनता है।... अँग्रेजी में भी तो 'per' पृथक् ही रहता है। (च) 'बाँसुरी वाला', 'दौड़ने वाला' आदि में 'वाला' पृथक् ही रहना चाहिए। (छ) 'जी' को मूल संज्ञा से पृथक् रखना ही श्रेयष्कर है। अन्यथा कहीं 'पखावजी', 'भट्टाचारजी' जैसे शब्दों के 'श्री' को आदरसूचक न समझ लिया जाये।

(ज) 'निम्नलिखित' और 'यथास्थान' जैसे विशेषण और क्रिया। विशेषणों में युग्रेखा (हाइफन) की आवश्यकता नहीं, उनके संघटक शब्दों को मिलाकर ही लिखना चाहिए। 'आत्महत्या' जैसी संज्ञा के संघटक शब्द भी मिले ही रहना चाहिए, किन्तु 'रहन-सहन' जैसी संज्ञाओं के संघटक शब्द (हाइफन) यूग्रेखा से ही जुड़े हों तो ठीक है। 'रहन-सहन', 'आत्महत्या' में अन्तर यह है कि पहले में 'रहन' और 'सहन' दोनों शब्द अपने मूल रूप में सुरक्षित और पहचाने जाने योग्य हैं, जबकि दूसरे में 'आत्म' अथवा आत्मन् 'हत्या' से समस्त होने के साथ ही अपना मूल रूप खोकर 'आत्म' बन चुका है, और इसी कारण अपनी पूर्णता में पहचाने जाने योग्य नहीं है। अतः उसे 'हाइफन' द्वारा संयुक्त करना व्यर्थ है। युग्रेखा तो वहाँ आवश्यक है, जहाँ शब्द अपने प्रकृत रूप में स्थित हों।

2-(क)- 'या' से अन्त होनेवाली सभी क्रियाओं के स्त्रीलिंग और बहुवचन रूप में 'यी' और 'य' का प्रयोग होना चाहिए, 'ई' और 'ए' का नहीं। जब 'हँसता गया' लिखते हैं, तो 'हँसते गये' क्यों नहीं? (ग) इस सुझाव से मैं सर्वथा असहमत हूँ कि क्रिया और विभक्ति के रूप में क्रमशः 'लिये' और 'लिए' होने चाहिए। (***क्यों***)

3-(क)- 'महत्त्व', 'तत्त्व' और 'उज्ज्वल' ही शुद्ध रूप हैं। संस्कृत में ही नहीं, हिन्दी में भी। हाँ, 'कर्त्तव्य' लिखना जरूरी नहीं, क्योंकि यहाँ 'त' का द्वित्व इस प्रकार के किसी समास का परिणाम नहीं। 'दुःख' ही ठीक है, 'दुख नहीं।

4-(क) उर्दू तथा अन्य भाषाओं के शब्दों के नीचे यथावसर अधोबिन्दु का प्रयोग सर्वथा श्लाघ्य (प्रशंसनीय) है, अन्यथा हम 'ज़लील' (नीचज्ञ) को 'जलील' (श्रेष्ठ) लिखने की भूल कर बैठेंगे। हम हिन्दी वाले अन्य भाषाओं से गृहीत शब्दों की ध्वनि को जानबूझ कर क्यों विकृत करें, जबकि हमारी देवनागरी लिपि केवल बिन्दु का प्रयोग करके उसे अक्षुण्ण रखने में सक्षम है।

श्री गोपाल चक्रवर्ती (वाराणसी)

1. (क)- 'चाहिए' शब्द अव्यय है। जिसका क्षय, व्यय, परिवर्तन, या वृद्धि न हो वही 'अव्यय' है। 'आम खाना चाहिए', 'आम खाने चाहिए', 'लीची खानी चाहिए', 'लीचियाँ खानी चाहिए'। यहाँ 'खाने' और 'लीचियाँ' शब्दों से बहुत्व (बहुवचन) प्रकट हो गया है, इसलिए 'चाहिए' शब्द में चन्द्रबिन्दु देना अनावश्यक है, बल्कि व्याकरण की दृष्टि से भी यह अशुद्ध

है। (घ) समासयुक्त पद मिलित (मिले हुए) रहेंगे, इतना कहने से ही काम चल सकता है। बीच की विभक्ति या शब्द का लोप करके ही समास बनता है। जैसे पद से च्युत 'पदच्युत', हित का चिन्तक- 'हितचिन्तक', कला से पूर्ण- 'कलापूर्ण', तुलसी द्वारा कृत- 'तुलसीकृत' आदि।

प्रत्यय भी शब्द से मिले रहते हैं, जैसे- प्रतिक्षण प्रतिदिन, अपवाद, निर्लोभ, दुर्दशा, विपक्ष, अधिरथी, संन्यास आदि।

झ-(घ)- में लिखित समासयुक्त शब्दों में भी (-) हाइफन लिखा जा सकता है, जैसे- कला-पूर्ण, शान्ति-रक्षक, तुलसी-कृत, शोक-ग्रस्त, भाव-हीन आदि तथा कृषिमन्त्री, शब्दसागर, सिगरेट केस आदि हाइफन न देकर, मिलाकर भी लिखे जा सकते हैं।

3-(क)- 'गया' से 'गये', 'गयी' और 'हुआ' से 'हुए', हुई होना ही स्वाभाविक है। 'गए', 'गई' या 'हुआ', 'हुयी' लिखना अशुद्ध है। 'गया' से 'य' उड़ जाये और स्वर का 'ए' या 'ई' आ जाये तथा 'हुआ' से 'अ' उड़ जाये और व्यंजन का 'ये' या 'यी' आ जाये, इसे व्याकरण के किसी नियम से सिद्ध नहीं किया जा सकता। उदाहरणार्थ- 'बच्चे को चुप कराने के '**लिए**' माँ उसे गोदी में '**लिये**' टहल रही है'- ऐसे दो प्रकार के 'लिए' में रूप-भेद होना ही चाहिए। 'लिये' क्रिया है, अर्थात् 'लेकर' है। 'एक आम लिये, दो आम लिये। यहाँ 'लिए' लिखना अशुद्ध है। (***यही उचित है।***)

3. **(क)** तत्+त्व = तत्त्व, सत्+त्व - सत्त्व, महत्+त्व = महत्त्व ही शुद्ध रूप है। 'त', 'स', या 'यह' कोई सार्थक शब्द या उपसर्ग नहीं है कि उनमें त्व जोड़ दिया जाये। संस्कृत से केवल तीन ही तो तकारान्त शब्द हिन्दी में आये हैं। इन्हें याद रखना कोई बड़ी बात नहीं है।

'उत्' उपसर्ग है, उसमें 'ज्वल' शब्द लगने से 'उज्ज्वल' होता है। 'त्' उड़ नहीं सकता। केवल 'उ' उपसर्ग भी नहीं है। प्र+उत्+ज्वल - प्रोज्ज्वल। किन्तु प्र+ज्वलित - 'प्रज्वलित' शुद्ध है। रेफाक्रान्त वर्ण विकल्प में द्विगुणित होता है। एक वर्ण लिखने से ही काम चल सकता है। जैसे- कर्म, धर्म, कार्य, पर्वत, कर्तव्य आदि। (***यह भी उचित है।***)

(ख) हिन्दी में अकारान्त शब्द उच्चरित होता है। अतः भगवान, श्रीमान, किंचित, पृथक आदि शब्दों में हल चिह्न लगाकर - रूप, सूचक, अलग, शरीर आदि से पृथक् करना आवश्यक है।

श्री कृष्ण विकल

(1) 'उसपर' आदि को मिलने की बात समझ में नहीं आयी, यह भी तो 'में' की तरह अधिकरण की विभक्ति है।

वस्तुस्थिति यह है कि हिन्दी में समास हो जाने पर पृथक्-पृथक् शब्दों के स्थान पर मिलित रूप एक शब्द बन जाता है। इससे स्पष्ट है कि हिन्दी में समस्त शब्द मिले रहने चाहिए या वे हाइफन से परस्पर सम्बद्ध रहने चाहिए।

संस्कृत में समस्त शब्दों को मिलाकर लिखने का ही विधान है। संस्कृत में भी यूग्रेखा (हाइफन) का प्रयोग दिखायी देता है, पर वहीं, जहाँ कोई शब्द या समस्त शब्द एक ही पंक्ति में पूरा न आकर दूसरी पंक्ति में उसका शेष भाग चला जाता है।

यूग्रेखा के अन्यान्य प्रयोग हिन्दी में अँग्रेजी से आये हैं। पर, अँगेजी में हाइफन का वैसा प्रयोग बाहुल्य नहीं है, जैसा हिन्दी में है। वे 'पब्लिकेशन डिपार्टमेण्ट', 'ह्युमैन सर्विस', 'स्लोली स्लोली' आदि अनेकानेक समस्त पद में हाइफन नहीं लगाते, पर हिन्दी में प्रकाशन-विभाग, मानव-सेवा, धीरे-धीरे आदि में यूग्रेखा लगाने का आग्रह है। यहाँ भाषा के अन्धानुकरण से काम नहीं चलेगा। हिन्दी भाषा की प्रकृति में समस्त शब्दों की समस्तता (पूर्णता) तब तक अखण्डित रहेगी, जब तक उन्हें एक शिरोरेखा में रखा जायेगा अथवा उन्हें यूग्रेखा से सम्बद्ध किया जाये।

अब प्रश्न यह है कि कहाँ समस्त पद को एक शिरोरेखा में रखा जाये और कहाँ यूग्रेखा से सम्बद्ध किया जाये?

यद्यपि समग्र रूप से इसके लिए कोई अपरिवर्तनीय (निश्चित) नियम या विधान लागू नहीं किया जा सकता, फिर भी कई दिशाएँ ऐसी हैं, जहाँ समस्त पद को अनिवार्य रूप से एक शिरोरेखा में रखना ही उचित है या अनिवार्य रूप से यूग्रेखा से ही सम्बद्ध किया जाना चाहिए। उस पर विचार करने से पहले मोटे रूप से हमें यह जान लेना चाहिए कि एक ही शिरोरेखा में रखने का और यूग्रेखा देने का मूल उद्देश्य क्या है?

यह स्मरण रखना चाहिए कि समस्त शब्दों में यूग्रेखा वहीं दी जानी चाहिए, जहाँ समास करते हुए भी उन्हें पृथक् दीखने वाले शब्दों के रूप में रखना अभीष्ट हो। इसी प्रकार वही शब्द एक रूपरेखा में मिले हुए आते हैं, जो या तो सन्धि से जुड़े रहते हैं या फिर बहुधा जो मिलकर एक अलग अथवा विशिष्ट अर्थ प्रस्तुत करते हैं।

इस विषय पर समास-भेद की दृष्टि से विचार करना चाहिए-

(1) बहुव्रीहि समास एक शिरोरेखा के भीतर लिखा जाना चाहिए, क्योंकि वहाँ किसी पद-विशेष का महत्त्व नहीं होता, बल्कि उन पदों को मिलाने पर एक पृथक् अर्थ निकलता है, जैसे- दशमुख, चतुर्भुज, कमलनेत्र, घनश्याम, बारहसिंहा, सरलहृदय आदि।

(2) इसके विपरीत द्वन्द्व की प्रकृति ऐसी है कि इसमें अनिवार्य रूप से युग्रेखा का प्रयोग करना चाहिए- जैसे पति-पत्नी, लेन-देन आदि।

(3) अव्ययी भाव समास में जब अव्यय जुड़ता है, तो शब्द एक शिरोरेखा में मिले रहने चाहिए। जैसे- यथाशक्ति, अनुक्षण, आजीवन, प्रतिकूल आदि। किन्तु जब अव्यय या शब्द, शब्द के बाद जुड़ता है, तो हाइफन लगाना उपयुक्त रहेगा। जैसे- दिन-भर, स्वप्न-मात्र साफ-साफ, रोज-रोज आदि।

(4) **तत्पुरुष समास के बारे में**

कर्मधारय समास में जहाँ (क) विशेषण- विशेष्य में समास किया जाता है, वहाँ मिला रहना चाहिए। क्योंकि इस समास के हो जाने पर दोनों पद आपस में घुलमिल जाते हैं। जैसे- लालमिर्च, शीतयुद्ध, उषाकाल, उभयपद आदि।

(ख) पर, जहाँ उपमान- उपमेय में समास किया जाता है, वहाँ युग्रेखा का प्रयोग करना अधिक संगत है, क्योंकि वहाँ समास हो जाने पर भी दोनों शब्दों का पृथकत्व बना रहता है। जैसे- चरण-कमल, मुख-चन्द्र आदि।

द्विगु समास में समस्त पद शिरोरेखा में रहना चाहिए क्योंकि प्रायः इस समास के पूर्व संज्ञा पद में कुछ विकार हो जाता है या परस्पर सन्धि हो जाती है, जिससे दोनों पद पृथक्-पृथक् नहीं रह पाते। जैसे- इकन्नी, दुअन्नी, अठन्नी, त्रिलोकी, तिराहा, इकहरा, दुहरा, पंसेरी आदि। इसमें पदसमूह मिलकर ऐसे एकरूप हो गये हैं कि युग्रेखा की गुंजाइश ही नहीं रह पायी है।

अब रह गया तत्पुरुष (कारकों में) समास। ऐसे तत्पुरुष में जो शब्द परस्पर बहुत घुले-मिले न हों, उनमें हाइफन का प्रयोग अच्छा रहेगा। जैसे- हवन-सामग्री, देश-बन्धु, कृषि-मन्त्री, शब्द-चमत्कार, सिग्रेट-केस, पाँव-तले, सरकार-विरोधी, नदी-किनारे, मुझ-सा, उस-जैसा आदि।

किन्तु उक्त समास में ऊपर शब्द या शब्दांश जब पूर्वपद के अर्थ से घनिष्ठ रूप से सम्बद्ध रहते हैं, वहाँ समस्त पद एक ही शिरोरेखा में आने चाहिए। जैसे- रसहीन, न्याययुक्त, फलप्रद, लाभदायक, क्षतिग्रस्त, स्नेहपूर्वक, आश्चर्यजनक, साहसपूर्ण, परिणामस्वरूप, एकनिष्ठ, प्रेममय, पदच्युत,

हानिकारक, जलद आदि। साथ ही जहाँ समस्त पद में सन्धि रहती है, वहाँ हाइफन नहीं आ सकता। जैसे- वज्राहत, प्राणाधार, कथनानुसार आदि।

जहाँ तत्पुरुष समास में समस्त पद के पूर्व पद में विकार आ जाता है, वहाँ हाइफन की गुंजाइश नहीं रह जाती है। जैसे- घुड़दौड़, लखपति, राजपुरुष आदि।

संक्षेप में कहा जा सकता है कि तत्पुरुष समास में न तो अपरिहार्य रूप से युग्रेखा का विधान ही किया जा सकता है और न ही बहिष्कार। इसके लिए दृष्टि ही प्रधान है। इसके मूल में यही सिद्धान्त कार्य करता है कि समस्त पद घुले-मिले हों, तो एक शिरोरेखा में दे देने चाहिए, और यदि अप्रचलित या लम्बे-लम्बे समस्त पद हों, तो सुविधा के लिए उसमें हाइफन का प्रयोग करना चाहिए। जैसे-

एक शिरोरेखा में- मातृसेवा, देशप्रेम, अनारदाना, जेबखर्च, मोरपंख, तत्सम्बन्धी आदि।

युग्रेखा से सम्बद्ध- समाज-सुधारक, मानवता-प्रेम, होटल-खर्च, शिल्पकला-विशारद आदि।

(5) क्रिया के रूपों के सम्बन्ध में

संयुक्त क्रियाओं के अन्त में 'ए' और 'ई' का प्रयोग उचित नहीं। 'रोती गयी', 'रख दिये', को 'रोती गई' व 'रख दिए' लिखने से अव्यवस्था और बढ़ेगी।

(5) महत्त्व, कर्त्तव्य, उज्ज्वल, तत्त्व, दुःख, किंचित पृथक् - ये रूप ही शुद्ध हैं। हाँ, भगवान, महान, विद्वान इन शब्दों में हल् न लगाना अधिक व्यवहार्य है। (***इन शब्दों में हल् न लगाना किस नियम से अधिक व्यवहार्य है?***)

(6) अँग्रेजी शब्दों में अर्द्धचन्द्राकार (ॉ) लगाने की आवश्यकता नहीं है, क्योंकि उच्चारण इसी रूप में होता है। (***यह इनका अनुभव है, सबका नहीं***)

अनुस्वार और पंचमाक्षर प्रयोग- दोनों ही विकल्प चलने देने चाहिए। इससे उच्चारण की सही विधि का ज्ञान सरलता से हो जाएगा। 'ङ्', 'ञ्' के स्थान पर अनुस्वार लगा देने से ' ङ्' और 'ञ' दोनों निरर्थक हो जायेंगे। मान लीजिए उनको वर्णमाला से ही निकाल दिया जाये, तो पंचमाक्षर नियम के अनुसार जो कि 'ङ्' और 'ञ' की ध्वनि देता है, उसको किसी वर्ण की अविधा न दी जा सकेगी तथा उच्चारण ही भ्रष्ट हो जायेगा।

रह गयी चन्द्रबिन्दु की बात तो चन्द्रबिन्दु का पूरा लाभ नागरी लिपि में प्राप्त नहीं किया जा सकता। ि, ी, े, ै, ो, ौ पर इन्हें लगाया नहीं जा सकता, तो फिर जिस अन्दाज से 'खिंच, पिंच, खेंच, होंठ आदि ठीक पढ़ लिये जाते हैं, वैसे ही हंस, उंह, फांक, मुंह, भांग, मुंग आदि शुद्ध पढ़ लिये जा सकते हैं। अतः चन्द्रबिन्दु के प्रयोग से कोई लाभ नहीं। (***यह कहाँ से नियम आ टपका?***)

●●●

अध्याय-छह

साहित्यिक संस्थाओं द्वारा वर्तनी निर्धारण के प्रयास

नागरी प्रचरिणी सभा, काशी

19वीं सदी के अन्तिम दशक अर्थात् 1890 ई० में काशी की नागरी प्रचारिणी सभा ने भी हिन्दी वर्तनी की समस्या को सुलझाने का बहुत प्रयास किया। इसके लिए सन् 1898 ई० में एक समिति गठित की गयी। समिति की रिपोर्ट दो वर्ष पश्चात् आयी और उसे स्वीकार करके सन् 1900 में संक्षेप में हिन्दी में और 1902 ई० में विस्तार से अँग्रेजी भाषा में 16पृष्ठों की एक पुस्तिक प्रकाशित की गयी। अँग्रेजी भाषा में विस्तार से पुस्तिका प्रकाशित करने का उद्देश्य यह था कि विभिन्न प्रान्तों की सरकारों तथा शिक्षाविदों तक समिति का निर्णय पहुँच जाये और तद्नुसार उसे क्रियान्वित किया जाये। निर्णायक समिति में श्यामसुन्दर दास, किशोरीलाल गोस्वामी, राधाकृष्णदास, इन्द्रनारायण सिंह, एडविन ग्रीव्ज, सुधाकर द्विवेदी, कार्तिक प्रसाद, हनुमन्त सिंह, लक्ष्मी शंकर मिश्र तथा जगन्नाथदास शमिल थे।

इस पुस्तिका में आठ प्रश्न उपस्थित किये गये थे और उनके साथ क्रमशः उनके उत्तर भी दिये गये थे। इन प्रश्नों में कुछ का सम्बन्ध शब्द भण्डार से था, कुछ का हिन्दी व्याकरण से तथा कुछ का लेखन और हिन्दी वर्तनी से। प्रस्तुत स्थल पर मात्र लेखन और वर्तनी से सम्बन्धित समस्याओं को ही लिया जा रहा है, क्योंकि पुस्तक का विषय इन्हीं से सम्बन्धित है। उल्लेखनीय है कि प्रश्न तो आठ थे, किन्तु प्रश्नों के भीतर अनेक अन्तर्प्रश्न या उपप्रश्न भी थे। इस प्रकार आठ से अधिक प्रश्न हो गये थे। वे अग्रलिखित थे-

(1) 'कारक-चिह्न' संज्ञा और सर्वनाम के साथ मिलाकर लिखे जायें या अलग?- यह उस काल का एक प्रमुख विवाद था। समिति ने इस

सम्बन्ध में अनेक लेखकों और विद्वानों से राय ली थी। मुख्यत: तीन प्रकार के विचार प्रकट किये गये थे- (क) कुछ लेखकों/विद्वानों का विचार था कि कारक चिह्नों को संज्ञा व सर्वनाम के साथ मिला कर ही लिखा जाये। उनका तर्क यह था कि कारक चिह्नों की वाक्य में अलग सत्ता नहीं होती। वे सम्बन्धित संज्ञा तथा सर्वनाम दोनों से ही जुड़े होते हैं। (ख) कुछ का विचार यह था कि कारकीय विभक्तियों को संज्ञा तथा सर्वनाम दोनों से ही अलग रखा जाये (ग) बहुत से विद्वान्/लेखक इस मत के थे कि कारकों को संज्ञा से तो अलग रखा जाये, किन्तु सर्वनाम के साथ मिलाकर रखा जाये। इनका तर्क यह था कि चूँकि 'मेरा, तेरा, हमारा, तुम्हारा, हमें, तुम्हें, उसे, उन्हें आदि सर्वनामों में कारक चिह्न अलगाये नहीं जा सकते, इसलिए एकरूपता की दृष्टि से इन्हें सर्वनामों के साथ मिलाना ही उचित है। और चूँकि संज्ञा के साथ मिले हुए रूप (जैसे-हमें, तुम्हें आदि) नहीं हैं, अत: 'कारकों' को संज्ञा से अलग ही रखना ठीक होगा।

समिति ने इस तीसरे मत (ग) का ही समर्थन किया। अर्थात् कारक चिह्न संज्ञा के साथ अलग और सर्वनाम के साथ मिलाकर लिखे जायें। समिति का यह भी निर्णय था कि यदि सर्वनाम के साथ दो कारक चिह्न आयें, तो प्रथम को सर्वनाम के साथ मिला कर तथा दूसरे को अलग रखा जाये। जैसे- हममें से। यदि शब्द के बाद 'ही' पद हो, और उसके बाद कारक चिह्न हो, तो कारक चिह्न को 'ही' से अलग लिखा जाये। जैसे- 'तुम्हीं को, 'राम ही ने' आदि।

(2) दूसरा प्रश्न था- समास के सदस्यों को एक में मिला दिया जाये या उनके बीच योजक (-) चिह्न रखा जाये? अधिकांश विद्वानों का विचार था कि यदि समस्त पद में दो सदस्य हों, तो उन्हें एक में मिलाकर लिखा जाये। जैसे- डाकघर, घोड़ागाड़ी, दवाखाना आदि, किन्तु दो से अधिक शब्द हों, तो उनके बीच योजक चिह्न दें। जैसे- तन-मन-धन।

(3) हुआ-हुवा, हुए-हुवे, हुई-हुवी, गई-गयी रूप में वर्तनी में जो अनेकरूपता है, उसका क्या किया जाये?- यह तीसरा प्रश्न था। इसके बारे में समिति का सुझाव था कि जहाँ उच्चारण में आवश्यक हो, वहाँ की तो बात और है, जैसे- 'गया', अन्यथा 'व' 'य' को छोड़कर स्वर ही लिखे जायें। जैसे- हुआ, हुए, हुई, गई लिखें, न कि हुआ, हुवे, हुयी, गयी आदि। इसी प्रकार कहीं भ्रम की आशंका हो, तो 'ये' 'व' का प्रयोग किया जाा चाहिए। (***यहाँ भी निश्चित नियम का अभाव है।***)

(4) अङ्क-अंक, अञ्जन-अंजन, सम्भव-संभव, परन्तु-परंतु आदि में दोनों को स्वीकार किया जाये या किसी एक को? इस सम्बन्ध में दो प्रकार के विचार आये थे। कुछ लोगों ने संस्कृत नियम का अनुकरण करने की संस्तुति की थी। अर्थात् ऐसे शब्दों में अनुस्वार का प्रयोग न करके पंचम नासिक्य व्यंजन का प्रयोग किया जाये।

दूसरे वर्ग का कहना था कि हिन्दी को इस सम्बन्ध में संस्कृत का अनुकरण करने की जरूरत नहीं है। इस प्रकार के शब्दों में सब जगह अनुस्वार का ही प्रयोग किया जाये। (***मनमाना प्रयोग***)

समिति का निर्णय यह था कि दोनों ही रूप ठीक हैं, ध्यान केवल यह रखा जाये कि कोई व्यक्ति अपनी किसी रचना में दोनों पद्धतियों का प्रयोग न करके किसी एक का ही प्रयोग सर्वत्र करे। यथा- यदि वह 'सम्बन्ध' लिखता है, तो सर्वत्र 'सम्बन्ध' ही लिखे या यदि वह संबंध लिखता है, तो सर्वत्र संबंध ही लिखे। (***वर्तमान में इसी नियम के अनुसार लेखन करके हिन्दी भाषा को भ्रष्ट किया जा रहा है।***)

(5) 'तुम्हारा' तथा 'तुमारा' दोनों रूप इस समय लिखे जा रहे हैं। किसे शुद्ध मानें? समिति ने 'तुम्हारा' को ही शुद्ध माना और वर्तमान में यही सर्वमान्य हो गया है।

(6) उस समय उसने-उस्ने, उसका-उस्का, जैसे दोनों रूपों का लेखन का प्रचार था। समिति ने- उसने, उसका आदि लिखना ही शुद्ध माना।

(7) कुछ लोग 'इन्होंने' के स्थान पर 'इनने', 'उन्होंने' के स्थान पर उनने का प्रयोग करते थे। समिति ने 'इन्होंने', 'उन्होंने' को ही शुद्ध माना।

(8) कुछ लोग चन्द्रबिन्दु के स्थान पर भी सर्वत्र अनुस्वार (ं) का ही प्रयोग करते थे। समिति ने दोनों का यथास्थान प्रयोग उचित माना (***भ्रमात्मक निर्णय***)

(9) विदेशी ध्वनियों को परिवर्तित करके लिखा जाये या उन्हें शुद्ध रूप में लिखा जाये और उसके अनुसार नागरी लिपि में अधोबिन्दु आदि का प्रयोग किया जाये?

समिति ने अँग्रेजी शब्दों को लिखने के लिए 'ऑ' के प्रयोग को तथा अरबी-फारसी शब्दों को लिखने में ज़ (ज़ोय, ज़्वाद, ज़ाल, ज़े के लिए), ज़ (ज़े के लिए), ग़ (ग़ौन के लिए), फ़र (फ़ि के लिए), क़ (क़ाफ के लिए) के प्रयोग से मान्यता दी। उल्लेखनीय है कि वर्तमान में हम केवल

क़ ख़ ग़ ज़ फ़ – इन पाँच का ही प्रयोग करते हैं। समिति ने एक नया अक्षर ज़ भी स्वीकार किया।

(10) अँग्रेजी के विराम चिह्नों के प्रयोग को लेकर भी लोगों में अव्यवस्था थी। कुछ लोग इनका प्रयोग उचित मानते थे, कुछ नहीं। समिति का निर्णय यह था कि कोलन को छोड़कर जिसमें विसर्ग का भ्रम होता है, अँग्रेजी में प्रयुक्त शेष सभी विरामचिह्नों का हिन्दी में भी प्रयोग किया जाये।

बीसवीं सदी के प्रथम चरण में वर्तनी में अनिश्चितता तरह-तरह के दबावों के कारण भी थी। ये दबाव कई प्रकार के थे–

(क) 'संस्कृत परम्परा' संस्कृत का अनुकरण करने को बाध्य कर रही थी। आर्यसमाज आन्दोलन ने इस दबाव को और भी तीव्र बना दिया था। इसके प्रभावस्वरूप कार्य्य, धैर्य्य, शर्म्मा, वर्म्मा, सर्व्वनाश, धर्म्म, इञ्जन, रञ्ज, पैण्ट (संस्कृत के अनुसार समस्थानिक व्यंजन), माष्टर, ष्टेशन, रजिष्टर, पोष्टमाष्टर (संस्कृत में 'ट' के पूर्व का 'स' 'ष' हो जाता है) जैसी वर्तनी चल रही थी।

(ख) काफी बड़ा दबाव बोलचाल का भी था, जिसके फलस्वरूप उच्चारण के अनुसार बहुत-से लोग लिख रहे थे। इसका परिणाम इस्का, उस्का, तल्वार, आवश्यक्ता, तुम्मारा, मुर्झाई, आस्पास, फर्याद, पुर्षार्थ, दर्या, सर्कार आदि रूपों में दिखायी देता है।

(ग) हिन्दी अपनी अभिव्यक्ति को समर्थ बनाने के लिए अपनी क्षेत्रीय बोलियों से शब्द ग्रहण कर रही थी। इसलिए विभिन्न क्षेत्रीय बोलियों में प्रचलित शब्द रूप, जैसे- ओतना, बरखा आदि भी लेखन में खूब प्रयुक्त हो रहे थे।

(घ) शिक्षा का माध्यम अँग्रेजी था। हिन्दी प्रदेश में किसी न किसी रूप में उर्दू सबको पढ़नी पड़ती थी। अतः अधिक पढ़े-लिखे लोग ऑ, क़, ख़, ग़, ज़, फ़ के प्रति जागरूक थे और वर्तनी में इनका प्रयोग करते थे। हालाँकि संस्कृत परम्परा के लोग 'बिन्दी हटाओ, हिन्दी बनाओ' नाम से एक आन्दोलन-सा चला रहे थे, इसीलिए अधोबिन्दु तथा ऑ की दृष्टि से भी वर्तनी में अव्यवस्था थी। वैसे तो उस काल के प्रबुद्ध लेखक, जैसे- महावीर प्रसाद द्विवेदी, श्यामसुन्दर दास, कामता प्रसाद गुरु, आचार्य रामचन्द्र शुक्ल आदि अधोबिन्दु प्रयोग के समर्थक थे।

उपर्युक्त दबावों के अतिरिक्त हिन्दी भाषा की सन्धियों का भी ज्ञान सामान्यतः लोगों को नहीं था, क्योंकि उनकी नियमित व्याख्या नहीं हुई थी। इसलिए इस दृष्टि से भी बहुत अस्थिरता थी। कोई 'रोगीयों' लिखता था,

तो कोई 'रोगियों, कोई 'विद्यार्थियों' लिखता था, तो कोई 'विद्यार्थीयों'। इसी प्रकार भालूओं-भालुओं, साधूओं-साधुओं आदि लिखा जाता था।

वर्तनी-विषयक इस अव्यवस्था से संकेत मिलता है कि सभा द्वारा प्रचारित सामग्री जिन लोगों तक पहुँचनी चाहिए थी, वह उन व्यक्तियों तक नहीं पहुँची। वैसे अँग्रेजी में होने के कारण उसके पहुँचने की बहुत सम्भावना भी नहीं थी। इसी बीच महावीर प्रसाद द्विवेदी ने हिन्दी भाषा के मानकीकरण की बागडोर 'सरस्वती' पत्रिका के माध्यम से और इस विषय में अधिक लिखकर लेखकों और कवियों की रचनाओं में संशोधन करके हिन्दी व्याकरण और उसके साथ ही हिन्दी वर्तनी के स्थिरीकरण में कार्य किया। हालाँकि वह भी पूर्ण सफल न हो सके।

भारतीय हिन्दी परिषद द्वारा वर्तनी निर्धारण

भारतीय हिन्दी परिषद ने हिन्दी वर्तनी की एकरूपता के लिए अपनी समिति द्वारा प्रस्तावित नियमों का प्रारूप अलग से चार पृष्ठों के एक पत्रक रूप में छपवाकर वितरित किया था तथा 1961ई० में अपनी मुख-पत्रिका 'हिन्दी अनुशीलन' एवं 'प्रकाशन समाचार' आदि में प्रकाशित किया था।

प्रस्तावित नियमों का प्रारूप

प्रस्तावना- अखिल भारतीय हिन्दी प्रकाशक संघ ने लेखन-मुद्रण में एकरूपता के लिए वर्तनी-सम्बन्धी नियमों का एक प्रारूप प्रचारित किया है। **भारतीय हिन्दी परिषद** का ध्यान भाषा की एकरूपता तथ स्थिरीकरण की व्यापक समस्या पर आज से दस वर्ष पहले ही (1951 ई० में) गया था। उसके पटना अधिवेशन में इस विषय की विभिन्न समस्याओं पर विस्तार से विचार भी किया गया था। 'हिन्दी अनुशीलन' का 'भाषा' अंक भाषा और लेखन शैली के स्थिरीकरण के उद्देश्य से ही निकाला गया था। परन्तु इस विषय में भारतीय हिन्दी परिषद ने अब तक अपना कोई निश्चय प्रकट नहीं किया है।

प्रकाशक संघ के उपर्युक्त प्रारूप के प्रचारित होने पर हिन्दी परिषद की कार्यकारिणी का ध्यान इस ओर विशेष रूप से गया कि कम से कम उन समस्याओं पर भारतीय हिन्दी परिषद् को अपना मत निर्धारित कर ही लेना चाहिए, जिनके बारे में प्रकाशक संघ निर्णय कर लेना चाहता है। और, इस उद्देश्य से उसने एक प्रारूप तैयार करने का कार्य एक समिति को सौंपा, जिसके सदस्य डॉ० हजारी प्रसाद द्विवेदी, पं० विश्वनाथ प्रसाद मिश्र,

डॉ० माताप्रसाद गुप्त, डॉ० हरदेव बाहरी और डॉ० रघुवंश (संयोजक) रखे गये। समिति ने कुछ बैठकें कर निम्नलिखित प्रारूप परिषद के विचारार्थ निर्मित किया है।

उद्देश्य– वस्तुत वर्तनी के प्रश्न पर केवल यान्त्रिक सुविधा तथा उपयोगिता की दृष्टि से ही विचार करना उचित नहीं माना जा सकता। 'वर्तनी' भाषा से अधिक रूप से सम्बद्ध होती है और भाषा की शैली तथा प्रवाह पर भी उसका प्रभाव पड़ता है। 'वर्तनी' के नियमों का निर्धारण करने में इस कारण भाषा की मौलिक प्रकृति को ध्यान में रखना अत्यन्त आवश्यक है।... लेखन शैली में अथवा वर्तनी में संशेधन करने का एक मात्र उद्देश्य यह होना चाहिए कि वह भाषा की मूल प्रकृति को अक्षरों तथा अंकों के माध्यम से व्यक्त करने में अधिक से अधिक सहायक हो सके।

नियमों का आधार

भाषा की मूल प्रकृति की रक्षा करते हुए इस सम्बन्ध में नियमों का निर्धारण– (1) भाषा वैज्ञानिक प्रमाण (2) वर्तनी के साथ की स्पष्टता (3) परम्परा और (4) सुविधा के आधार पर किया जाना अपेक्षित है।

यहाँ यह ध्यान रखने की बात है कि भाषा का मूल रूप उसके प्रयोग करने वाले लेखकों, विचारकों, साहित्यिकों द्वारा निरूपित होता है। नियमों के बनाने वाले वैयाकरणों से नहीं। वे (वैयाकरण) उनके (नियमों के) निरूपक मात्र होते हैं। ऐसी स्थिति में उपर्युक्त आधार का निरूपण भाषा का प्रयोग करने वालों की दृष्टि से ही होना चाहिए।

नियमावली

(1) वियुक्त शब्द, संयुक्त शब्द या हाइफन का प्रयोग

(1) हिन्दी की मूल प्रकृति विश्लेषणात्मक है, संस्कृत के समान संश्लिष्ट नहीं। समासयुक्त शब्दों का प्रयोग भी संस्कृत की शैली है, हिन्दी की नहीं। हिन्दी में संज्ञा शब्दों का विशेषण रूप में प्रयोग सर्व प्रचलित है। इस कारण संस्कृत के समान दो संज्ञा शब्दों में विभक्ति– चिह्नों का प्रयोग हुए बिना भी उनका समासयुक्त होना उसमें आवश्यक नहीं है। ऐसी स्थिति में इस सम्बन्ध में हिन्दी में प्रयोग के आधार पर संस्कृत से भिन्न नियमों का अनुसरण आवश्यक है।

(क) हिन्दी की परम्परा कर्मधारय समास में शब्दों को पृथक्-पृथक् रखने की है। जैसे- कृष्ण, सर्प, गम्भीर पुरुष, शुद्ध जल। यह हिन्दी की विश्लेषणात्मक प्रकृति के अनुकूल है, साथ ही विशेषण तथा विशेष्य की स्पष्ट अलग स्थिति को भी व्यक्त करती है। अतः इसे ही मान्य माना जाये।

(ख) हिन्दी की इसी प्रकृति के अनुसार द्वन्द्व समास की स्थिति में भी शब्दों को अलग-अलग (कामा देकर) रखना उचित है) जैसे- राम, कृष्ण, बुद्ध आदि।

(ग) तत्पुरुष समास की वर्तनी, प्रयोग के अनुसार विविध रहनी चाहिए। यथा-

अ- दो छोटे-छोटे शब्दों को जोड़ देना अपेक्षित होगा।

जैसे- भूदेव, नरपति आदि।

आ- पहला तत्त्व यदि विकृत है या अपने मूल रूप में है, तो भी दोनों शब्दों को जोड़कर लिखना उचित है- जैसे- वाक्कलह, द्विजार्थ, राजपुरुष, पितृसम आदि। वास्तव में ऐसे शब्द संस्कृत के नियमानुसार ही सिद्ध हैं, अतः इनका प्रयोग उसी रूप में करना चाहिए।

इ- दो बड़े-बड़े शब्दों को अलग रखना ही उचित होगा। जैसे- साहित्य समारोह, शब्द चमत्कार आदि। इन्हें मिलाकर लिखने से भाषा बोझिल होगी। (कर्मधारय)

ई- दो से अधिक शब्दों के समासयुक्त शब्द पृथक् ही रखें जायें। जैसे- हिन्दी साहित्य सम्मेलन, नागरी प्रचारिणी सभा।

(घ) द्विगु समास जोड़ कर लिखना उचित होगा। जैसे- पांचजन्य त्रिभुवन आदि। ये शब्द भी संस्कृत से ही सिद्ध हैं। हिन्दी में भी इसी प्रकार समास जुड़कर एक शब्द बन गये हैं। जैसे- दुचित्ता, चौराहा, सतनजा आदि।

(ङ) बहुब्रीहि समास तो वास्तव में संस्कृत में भी अर्थ की दृष्टि से एक ही शब्द हो जाता है। हिन्दी में तो वह इस रूप में माना ही जाना चाहिए। जैसे- मेघनाद, महाबाहु, जलजात, अपुत्र, सपत्नीक आदि।

(च) अव्ययीभाव समास की स्थिति में भी शब्दों को जुड़ा ही रखना चाहिए। जैसे- यथास्थान, यथासम्भव आदि।

(2-क) हिन्दी के अपने शब्दों में इस प्रकार समास करना उसकी अपन प्रकृति के विरुद्ध होगा। हिन्दी में ऐसे शब्द अलग-अलग रहेंगे अथवा हाइफन से जोड़े जायेंगे। जैसे- सिगरेट-केस, देख-भाल आदि।

(ख) 'प्रति' (अलग) जैसे प्रति दिन, हर रोज वाला (अलग) जैसे- बाँसुरी वाला, दौड़ने वाला।

अपवाद- किन्तु जब 'वाला' लगाकर एक वस्तु या व्यक्ति का अर्थ घोषित होता हो, तो उसे मिलाकर लिखना चाहिए। जैसे- झुनझुनेवाला, शोरेवाला, अगरवाला।

(ग) 'जी' का प्रयोग अलग होना चाहिए। जैसे- हिन्दी में 'श्री' का हो रहा है।

(3-क) परसर्ग अलग रहने चाहिए। वास्तव में इनको विभक्ति कहना गलत है। हिन्दी में कारकों को गलत ढंग से कहा जा रहा है। वस्तुतः ये अन्य परसर्गों के समान ही हैं। अन्य परसर्गों को अलग रखने के बारे में कोई समस्या नहीं है। जैसे- समान, ऊपर, नीचे, तले, भर आदि। अतः, ने, को, से, के लिए, का, की, के, में, पर आदि को संज्ञा और सर्वनाम दोनों में अलग रखा जाना चाहिए।

(ख) पूर्वकालिक क्रियाओं का 'कर अलग रहना चाहिए। ऐसा करने से अधिक स्पष्टता रहेगी, क्योंकि इस प्रकार के अन्य शब्द भी बनते हैं, जिनमें भ्रम हो सकता है। साथ ही उच्चारण में आघात का अन्तर पड़ता है। पूर्वकालिक क्रियाओं के रूप में 'कर' का उच्चारण क्रिया के अंश के बाद अलग, स्वतन्त्र हो जाता है। जैसे- सी कर और सीकर के उच्चारण में अन्तर है। मिला देने से उच्चारण हिन्दी की प्रकृति के अनुसार स्वरहीन हो जायेगा। और, यहाँ 'कर' का स्पष्ट उच्चारण आवश्यक है। जैसे- जा कर, खा कर, पी कर, सो कर।

(ग) संयुक्त क्रियाओं में दोनों क्रियाएँ अलग होती हैं, उनको अलग रखना चाहिए। वस्तुतः ऐसा ही होता है, वहाँ कोई समस्या नहीं है।

(II) या, ये, अथवा आ, ए, ई अन्त्य ध्वनियों के रखने की समस्या

इस विषय में पहले हिन्दी में लगभग सर्वमान्य मत था कि इनका वर्तनी में प्रयोग उच्चारण के अनुसार किया जाये। अर्थात् बिना इस बात को ध्यान दिये कि शब्द संज्ञा, विशेषण अथवा भूतकालिक कृदन्त आदि का पुंल्लिग या एक वचन या केवल स्वर में होता है अथवा 'य' के साथ, इसकी बहुवचन तथा स्त्रीलिंग की वर्तनी में उच्चारण के अनुसार स्वर का ही प्रयोग किया जाता था। अर्थात्- गाय-गाएँ, नया-नई, गया-गए।

इधर वर्तनी की एकरूपता की दृष्टि से यह नियम प्रतिपादित किया गया कि जो शब्द पुंलिग एकवचन में केवल स्वरान्त हों वे बहुवचन और स्त्रीलिंग रूपों में भी स्वरान्त ('ए', 'ई') ही रहने चाहिए, किन्तु जिनके पुंलिग एकवचन रूप में अन्त में 'या' आता हो, उनके बहुवचन और स्त्रीलिंग रूपों में 'ये' 'यी' होना चाहिए। यह नियम अपनी स्पष्टता के कारण इधर कुछ स्वीकृति भी पा रहा है। (***यह स्पष्टता नहीं, दुरूहता है।***)

परन्तु ध्वनियों के नियम तथा उच्चारण की स्पष्टता की दृष्टि से उच्चारण के अनुसार वर्तनी में अन्त्य स्वरों का ही प्रयोग अधिक संगत जान पड़ता है। अन्ततः यह नियम ही अधिक सुगम सिद्ध होगा, क्योंकि वर्तनी का सम्बन्ध उच्चारण से भी मानना पड़ेगा। वर्तनी के आधार में सुविधा हो, यह भी एक विचारणीय बात है। साथ ही 'ये', 'यी' के स्थान पर 'ई', ए' का परिवर्तन समझना कठिन नहीं है, क्योंकि अर्द्ध स्वर 'य' और स्वर 'इ' में निकटता का सम्बन्ध है। (***यहाँ आशय क्या है, यही समझ में नहीं आता। इस सम्बन्ध में अखिल भारतीय प्रकाशक संघ के अनेक प्रस्ताव तो और भी अधिक भ्रम उत्पन्न करने वाले हैं।***)

(III) हिन्दी में संस्कृत शब्दों का प्रयोग-

(1) हिन्दी में संस्कृत मूल के तद्भव शब्दों का प्रयोग होना तो स्वाभाविक ही है, और इस प्रवृत्ति पर बल देना चाहिए।

(2) संस्कृत तत्सम रूपों का प्रयोग शुद्ध रूपों में ही होना चाहिए। इससे शब्दरूपों को भाषावैज्ञानिक दृष्टि से समझने में आसानी होगी। सम्पूर्ण भारतीय भाषाओं में प्रयुक्त तत्सम शब्दों में एकरूपता रहेगी तथा शब्दों की व्याख्या करना आसान होगा।

यथा- महत्+त्व (प्रत्यय) = महत्त्व, न कि महत्व
उत्- ज्वल (प्रत्यय) = उज्ज्वल, न कि उज्वल
तत्+त्व (प्रत्यय) = तत्त्व, न कि तत्व

(3) हलन्त शब्दों में हलन्त रखना भी उपर्युक्त दृष्टि से आवश्यक होगा। यथा- विद्वान्, महान् आदि।

(IV) विदेशी ध्वनियों की समस्या

(1) फारसी-अरबी की कुछ ध्वनियाँ हिन्दी में आ गयी हैं। विशेषकर उत्तरभारत के पश्चिमी क्षेत्रों में उनका प्रयोग बहुत होता है। यों फ़ारसी-अरबी की सारी ध्वनियाँ उर्दू में भी तद्वत् नहीं रही हैं। जैसे कि 'क़' ध्वनि का उच्चारण उर्दू में भी शुद्धतावादी ही बोलते हैं। ऐसी स्थिति में ख़, ज़, ग़, फ़ ध्वनियों को हिन्दी में स्वीकार कर लेना चाहिए। इनके विरोधी जोड़े भी हिन्दी में हैं। ज़, फ़ अँग्रेजी से भी प्राप्त हैं। अतः शुद्धता के नाते इन ध्वनियों को हिन्दी में रखना चाहिए।

(2) अन्य भाषाओं के अनेक शब्द, जिनके उच्चारण में बीच के अक्षर की अर्द्धध्वनि और पूर्वध्वनि सन्देहास्पद हों, उन्हें पूरे अक्षर से ही लिखना चाहिए। जैसे- गरमी, सरदी, शरम, बरफ़, गरदन, बरतन, फ़ुरसत आदि।

(3) शुद्धता की दृष्टि से अँग्रेजी शब्दों के उच्चारण की आवश्यकता के अनुसार वर्तनी में अर्द्धचन्द्र का प्रयोग करना अपेक्षित है। जैसे- डॉक्टर, नॉर्मल, ऑपरेशन आदि।

(V) अनुसार और चन्द्रबिन्दु

(1) संस्कृत में अनुस्वार तथा पंचम वर्ण का विकल्प से प्रयोग होता है। हिन्दी में यही पद्धति प्रचलित है, परन्तु लेखन तथा छपाई में अनुस्वार की बिन्दी छूट जाने, मिट जाने तथा गिर जाने की बहुत सम्भावना रहती है। हिन्दी में अनुनासिक ध्वनियों के प्रयोग की वैसे भी बहुत कम प्रवृत्ति है। इस कारण भी यदि वर्तनी में बिन्दुओं का प्रयोग कम किया जाये, तो सुविधाजनक होगा। (***अब कम्प्यूटरों में ऐसी स्थिति नहीं है।***)

(क) पंचमवर्गीय व्यंजनों की अनुनासिक ध्वनियों मं 'ङ' तथा 'ञ' का यों भी ह्रास हो चुका है। ऐसी स्थिति में इनके स्थान पर अनुस्वार का प्रयोग किया जाना चाहिए। जैसे- अकिंचन, पंगु आदि। (***फिर चन्द्रबिन्दु का क्या होगा।***)

(ख) अन्यत्र पंचमवर्गीय व्यंजनों की अनुनासिक ध्वनियों ण, न तथा म का प्रयोग इसी रूप (पंचमवर्ण) में किया जाना चाहिए। जैसे- सम्बन्ध, अन्त, गुण्ठन आदि।

(ग) अन्यत्र (ऊष्म तथा अन्तस्थ व्यंजनों के पूर्व) अनुस्वार के रूप में अनुनासिक ध्वनि का प्रयोग होना चाहिए। जैसे- संबंधी, संयम, संरक्षण आदि। (*भ्रमात्मक नियम है। कहीं कुछ कहीं कुछ।*)

(घ) अँग्रेजी तथा अन्य विदेशी शब्दों में उच्चारण के अनुसार वर्गों के पंचम वर्ण का प्रयोग किया जा सकता है।

(2) अनुस्वार तथा चन्द्रबिन्दु का अन्तर उच्चारण के कारण है और वह रहना चाहिए। अर्थ की स्पष्टता की दृष्टि से भी आवश्यक है। जैसे- संवार-सँवार, हंस-हँस आदि परन्तु सुविधा की दृष्टि से स्वरों में अ, आ, उ, ऊ के साथ जिनकी मात्राएँ ऊपर नहीं लगतीं, चन्द्रबिन्दु आना चाहिए, परन्तु अन्य स्वरों में बिन्दु से चन्द्रबिन्दु का काम लिया जा सकता है। स्वरों में अनुनासिकता की समस्या हिन्दी की अपनी है। इस कारण इस विषय में भ्रम की गुंजाइश नहीं होगी। जैसे- हँस, काँस, कुँआर, सूँस, जायेंगी, नहीं, साईं आदि।

(***इनमें वास्तविक मात्रा- जायँगी, नहीँ, साईँ आदि ही है। परन्तु लेखन सुविधा व विवशता के लिए बिन्दु (अनुस्वार (ं) का प्रयोग होता है।***)

भारत सरकार (शिक्षा मन्त्रालय) के प्रयास

भारत सरकार के शिक्षा मन्त्रालय ने हिन्दी वर्तनी को मानक रूप देने के लिए 1961 के प्रारम्भ में एक समिति का गठन किया। समिति के सदस्य थे- रमा प्रसन्न नायक, डॉ० नगेन्द्र, और अक्षयकुमार जैन। इस समिति की चार बैठकें हुईं तथा अन्त में अप्रैल 1962 ई० में इस समय के निर्णय पत्रक रूप में अलग तथा 'प्रकाशन समाचार', 'सप्तसिन्धु आदि में प्रकाशित हुए।

शिक्षा मन्त्रालय द्वारा साइक्लोस्टाइल पत्र रूप में जो नियम वितरित हुए, उनकी संख्या पन्द्रह थी। शिक्षा मन्त्रालय के 'बेसिक ग्राम ऑफ़ हिन्दी लैंग्विज' में भी ये पन्द्रह हैं, किन्तु 'प्रकाशन समाचार' तथा डॉ० अनन्त चौधरी की 'नागरी लिपि और हिन्दी वर्तनी' नामक पुस्तक में इस समिति के जो नियम छपे हैं, उनमें सोलह नियम हैं। उपर्युक्त व्याकरण में पन्द्रह नियमों का कुछ विस्तार से स्पष्टीकरण दिया हुआ है, जिसका हिन्दी अनुवाद 'सप्त सिन्धु' (फरवरी मार्च 1969) में छपा था। यहाँ वे पन्द्रह नियम स्पष्टीकरण के साथ दिये जा रहे हैं।

(1) हिन्दी के विभक्ति-चिह्न सर्वनामों के अतिरिक्त सभी प्रसंगों में प्रतिपादिक से पृथक् लिखे जायें। जैसे- राम ने, स्त्री को, मुझको। परन्तु प्रेस की सुविधाओं को ध्यान में रखकर पत्र-पत्रिकाओं में संज्ञा आदि शब्दों में भी विभक्तियाँ मिलाने की छूट रहे। अपवाद के रूप में यदि-

(क) सर्वनामों के साथ यदि दो विभक्ति चिह्न हों, तो उनमें से पहला मिलाकर और दूसरा पृथक लिखा जाये। जैसे- उसके लिए, इनमें से।

(ख) सर्वनाम और विभक्ति के बीच 'ही', 'तक' आदि का निपात हो, तो विभक्ति को पृथक् लिखा जाये। जैसे- आप ही के लिए, मुझ तक को, आदि।

(2) संयुक्त क्रियाओं में सभी अंगभूत क्रियाएँ पृथक्-पृथक् लिखी जायें। जैसे- पढ़ा करता है, आ सकता है, आदि।

(3) 'तक' 'साथ' आदि अव्यय सदा पृथक् लिखे जायें। जैसे- आपके साथ, यहाँ तक।

(4) पूर्वकालिक प्रत्यय 'कर' क्रिया से मिलाकर लिखा जाये। जैसे- मिलाकर, खा-पीकर, रो-रोकर।

(5) द्वन्द्व समास में पदों के बीच हाइफन रखा जाये। जैसे- राम-लक्ष्मण, शिव-पार्वती-संवाद।

(6) सा, जैसा आदि से पूर्व हाइफन रखा जाये। जैसे- तुम-सा, राम-जैसा, चाकू-से तीखे।

(7) तत्पुरुष समास में हाइफन का प्रयोग केवल वहीं किया जाये, जहाँ उसके बिना भ्रम होने की सम्भावना है, अन्यथा नहीं। जैसे- भू-तत्त्व, रामराज्य।

(8) जहाँ श्रुतिमूलक य-व का प्रयोग विकल्प से होता है, वहाँ न किया जाये। अर्थात् **गए**-गये, **नई**-नयी, **हुआ**-हुवा, आदि में पहले (स्वरात्मक काले अक्षर) रूपों का ही प्रयोग किया जाये। यह नियम क्रिया, विशेषण, अव्यय आदि सभी रूपों में माना जाये।

(9) हिन्दी में 'ऐ' (ै), औ (ौ) का प्रयोग दो प्रकार की ध्वनियों को व्यक्त करने के लिए होता है। पहले प्रकार की ध्वनियाँ 'है', 'और' आदि में हैं तथा दूसरे प्रकार की 'गवैया', 'कौवा' आदि में। इन दोनों ही प्रकार की ध्वनियों को व्यक्त करने के लिए इन्हीं चिह्नों (ऐ, ै, औ नै) का प्रयोग किया जाये, गवय्या, कव्वा, आदि संशोधनों की आवश्यकता नहीं।

(10) संस्कृतमूलक तत्सम् शब्दों की वर्तनी में सामान्यतः संस्कृत रूप ही रखा जाये। परन्तु जिन शब्दों के प्रयोग में हिन्दी में, हलन्त चिह्न लुप्त हो चुका है, इनमें उसको फिर से लगाने का प्रयास न किया जाये। जैसे- महान, विद्वान आदि। (***कब, क्यों और कैसे लुप्त हो चुका है?***)

(11) जहाँ पंचमाक्षर के बाद उसी के वर्ग के चार वर्णों में से कोई वर्ण हो, वहाँ अनुस्वार का ही प्रयोग किया जाये। जैसे- अंत, गंगा, संपादक आदि।

(12) चन्द्रबिन्दु के बिना प्रायः अर्थ में भ्रम की गुंजाइश रहती है। जैसे- हंस-हँस, अंगना-अँगना, आदि में। अतः ऐसे भ्रम को दूर करने के लिए चन्द्रबिन्दु का प्रयोग अवश्य ही किया जाना चाहिए। किन्तु जहाँ चन्द्रबिन्दु के प्रयोग से छपाई आदि में बहुत कठिनाई हो और चन्द्रबिन्दु के स्थान पर अनुस्वार का प्रयोग किसी प्रकार का भ्रम न उत्पन्न करे, वहाँ चन्द्रबिन्दु के स्थान पर अनुस्वार के प्रयोग की छूट दी जा सकती है। जैसे- नहीं, में, मैं आदि में। किन्तु कविता आदि के ग्रन्थों में छन्द की दृष्टि से चन्द्रबिन्दु का प्रयोग यथास्थान अवश्य किया जाये।

इसी प्रकार छोटे बच्चों की प्रवेशिकाओं में जहाँ चन्द्रबिन्दु का उच्चारण सिखाना अभीष्ट हो, वहाँ उसका यथास्थान सर्वत्र प्रयोग किया जाये। जैसे- नहीँ, मेँ, मैँ, नँद- नन्दन। (***छोटे बच्चों को सिखाने के लिए तो चन्द्रबिन्दु का प्रयोग किया जाये, किन्तु बड़े बच्चों व पाठकों के लिए अनुस्वार का, यह कौन-सा नियम है? इससे तो भ्रम की स्थिति ही बनेगी।***)

(13) अरबी-फारसी मूलक वे शब्द जो हिन्दी के अंग बन चुके हैं और जिनकी विदेशी ध्वनियों का हिन्दी ध्वनियों में रूपान्तर हो चुका है, वे हिन्दी रूप में ही स्वीकार किये जायें। जैसे- जरूर, अशरफी, आवाज आदि।

किन्तु जहाँ पर उनका शुद्ध विदेशी रूप में प्रयोग अभीष्ट हो, वहाँ उनके हिन्दी में प्रचलित रूपों में यथास्थान नुक्ते लगाये जायें, जिससे उनका विदेशीपन स्पष्ट रहे। जैसे- राज़, नाज़। (***किन विदेशी ध्वनियों का हिन्दी ध्वनियों में रूपान्तर हो चुका है और किनका नहीं, इसका निर्णय कैसे होगा? पहचान कैसे होगी?***)

(14) अँग्रेजी के जिन शब्दों में अर्द्धविवृत्त 'ऑ' ध्वनि का प्रयोग होता है, उनके शुद्ध रूप का हिन्दी में प्रयोग अभीष्ट होने पर 'आ' की मात्रा (ा) के ऊपर अर्द्धचन्द्र का प्रयोग किया जाये। जैसे- ऑ, ॉ।

(15) संस्कृत के जिन शब्दों में विसर्ग का प्रयोग होता है, वे यदि तत्सम रूप में प्रयुक्त हों, तो विसर्ग का प्रयोग अवश्य किया जाये। जैसे-

'दुःखानुभूति' में। परन्तु उस शब्द के तद्भव के बिना भी काम चल जायेगा। जैसे- 'दुख-सुख के साथी'।

अलीगढ़ मुस्लिम विश्वविद्यालय

1966 ई० में अलीगढ़ मुस्लिम विश्वविद्यालय के हिन्दी विभाग ने हिन्दी वर्तनी की समस्या पर विचार करने के लिए एक अखिल भारतवर्षीय गोष्ठी का आयोजन किया था। वहाँ के हिन्दी विभाग की शोध पत्रिका 'अभिनव भारती' (1967 ई०) में उक्त गोष्ठी की रिपोर्ट प्रकाशित हुई थी। उस गोष्ठी में हिन्दी के गण्यमान् विद्वान्, आचार्य किशोरीदास बाजपेयी और डॉ० हजारी प्रसाद द्विवेदी के अतिरिक्त प्रसिद्ध भाषा वैज्ञानिक डॉ० हरदेव बाहरी, डॉ० भोलानाथ तिवारी, डॉ० रामेश्वर प्रसाद अग्रवाल, डॉ० कैलाशचन्द्र भाटिया, श्री राजेन्द्र द्विवेदी, डॉ० एन०वी० राजगोपाल, डॉ० प्रेमस्वरूप गुप्त एवं विश्वविद्यालय के हिन्दी-संस्कृत विभाग के अध्यापकों ने सक्रिय भाग लिया।

गोष्ठी में आचार्य हजारी प्रसाद द्विवेदी ने विषय की महत्ता एवं हिन्दी-वर्तनी की एकरूपता की आवश्यकता पर बल दिया। उन्होंने कहा कि संयुक्त क्रियाओं, अनुस्वार और चन्द्रबिन्दु अरबी-फारसी के शब्दों में नीचे बिन्दी रखने या न रखने की कई समस्याएँ हैं। अब समय आ गया है कि इस सम्बन्ध में कुछ दृढ़ निर्णय लेकर काम करें।

इस वर्तनी-संगोष्ठी में प्रकाण्ड पण्डित वयोवृद्ध आचार्य किशोरीदास वाजपेयी केन्द्र-बिन्दु रहे, जिनकी उपस्थिति संगोष्ठी में निरन्तर ताज़गी और सजीवता का संचार करती रही। उन्होंने अपने भाषण में 'अनेक शंकाओं और भ्रमों का निराकरण किया। उन्होंने अपने सोदाहरण वक्तव्यों में उच्चारण, ध्वनि, व्याकरण, लोकव्यवहार, मनोविज्ञान, भूगोल, जलवायु, धर्म, दर्शन सभी आधारों पर वर्तनी की समस्याओं का अद्भुत समाधान प्रस्तुत किया।

दूसरे सत्र में वक्ता डॉ० भोलानाथ तिवारी ने वर्तनी के सम्बन्ध में अपना मत व्यक्त करते हुए कहा कि वैज्ञानिक वर्तनी वही है, जो उच्चारण के अनुकूल हो। संख्यावाचक शब्दों में अनेकरूपता है। वर्तनी में परम्परा और सुविधा का भी ध्यान रखना चाहिए।

डॉ० हरदेव बाहरी ने अपना मत प्रकट करते हुए कहा कि मैं शुद्धतावादी हूँ। हिन्दी लिपि वैदिक लिपि है। केवल उच्चारण के बल पर हम उसकी वर्तनी नहीं तय कर सकते। प्रत्येक हिन्दी-जिज्ञासु को संस्कृत का ज्ञान अनिवार्य होना चाहिए। संस्कृत के सन्धि-नियमों का पालन होना चाहिए। शुद्ध उच्चारण

से ही पढ़े-लिखे, और अशुद्ध उच्चारण से मूर्ख की पहचान होती है। हमें संयुक्ताक्षरों की वर्तनी के सम्बन्ध में बहुत ध्यान से विचार करना चाहिए।

इस संगोष्ठी में हिन्दी वर्तनी की दो प्रधान समस्याओं पर विशेष रूप से विचार हुआ-

(1) 'य' श्रुतिवाले रूप लिखे जायें या स्वर वाले रूप-

इस समस्या पर किशोरीदास वाजपेयी ने बड़े विस्तार से ऐतिहासिक परिवेश में अपना अभिमत और निर्णय दिया। वाजपेयीजी स्वर रूपों को अधिक ग्राह्य समझते थे। जैसे- 'आयें' नहीं 'आएँ'। और यदि हमें एकरूपता लानी है, तो सर्वत्र स्वर वाले रूपों को लिखना चाहिए। जैसे संस्कृत में भी दोनों रूप शुद्ध हैं- हरयिह, हरइह, 'आएगा' रूप ही ठीक है, 'आवेगा' अशुद्ध है। 'जाए', 'खाएं' रूप ही ठीक हैं।

(2) अरबी-फारसी से गृहीत शब्दों में बिन्दी का प्रयोग किया जाये अथवा नहीं?

आचार्य वाजपेयी जी का मत था कि उन शब्दों को हिन्दी में लिखते समय कहीं भी बिन्दी की आवश्यकता नहीं है, किन्तु जब हम अरबी-फारसी को नागरी लिपि में लिखना चाहें, तो बिन्दी का आवश्यकता के अनुसार प्रयोग करें। इस सम्बन्ध में नागरी प्रचारिणी सभा, काशी के प्रधानमन्त्री श्री रुद्र काशिकेय ने अपना विरोध प्रकट किया और बिन्दीदार शब्दरूपों की आवश्यकता पर बल दिया। गोष्ठी के सदस्य और जिज्ञासु श्रोताओं ने आग्रह किया कि इस समस्या पर अभी और विचार होना चाहिए।

संगोष्ठी में कुछ शब्द-विशेषों के सिद्ध रूपों पर भी विचार किया गया और कुछ निर्णय लिये गये, जो निम्नलिखित प्रकार हैं-

(1) हिन्दी की प्रकृति के अनुसार 'छह' ही ठीक है और यही लिखा जाना चाहिए। जब हिन्दी में विसर्ग है ही नहीं, तो फिर विसर्गयुक्त रूप नहीं लिखा जाना चाहिए।

(2) 'राष्ट्रीय' ठीक है, 'राष्ट्रिय' नहीं, क्योंकि 'राष्ट्रिय' शब्द दूसरे अर्थ (राजा के साले अर्थ) में प्रयुक्त होता रहा है।

(3) 'अन्तरराष्ट्रीय' शब्द ठीक है। भविष्य में यही रूप व्यवहृत होना चाहिए।

(4) अँग्रेजी शब्दों को तत्सम रूप में उच्चारण के अनुसार लिखने के लिए उनके ऊपर जो अर्द्धचन्द्र (ॅ) लगाने की प्रथा बढ़ रही है, वह अनावश्यक है। अतः 'डॉ०' के स्थान पर 'डाक्टर' लिखना ही ठीक है।

(5) हिन्दी में 'दम्पति' शब्द ही ठीक है, 'दम्पती' नहीं।

(6) जो लोग संस्कृत में तत्सम शब्दावली लें, वे उसमें हल् का प्रयोग कर सकते हैं। जैसे- भगवान्, श्रीमान्।

(7) हिन्दी में संस्कृत के अनुसार 'उपर्युक्त' और अपनी प्रकृति के अनुसार 'उपरोक्त' दोनों ही ठीक है। (***'उपरोक्त' अशुद्ध है। ऊपर+उक्त की सन्धि 'ऊपरोक्त' होगी, उपरोक्त नहीं।***)

(8) प्रत्यय-युक्त और समास-युक्त शब्दों में आदि व्यंजन का स्वर अथवा आदि स्वर मात्र हमेशा ह्रस्व हो जाता है। अतः वही लिखा जाना चाहिए। जैसे- निचाई, ऊँचाई आदि।

इस संगोष्ठी में नागरी प्रचारिणी सभा, काशी के महामन्त्री रुद्र काशिकेय शामिल हुए थे और उन्होंने श्रीवाजपेयी के इस विचार से विरोध प्रकट किया था कि हिन्दी अक्षरों में अरबी-फारसी के शब्दों के नीचे बिन्दु नहीं लगाया जाना चाहिए। श्रीकाशिकेय ने अरबी, फारसी, तुर्की, अँग्रेजी भाषा के शब्दों में शुद्ध उच्चारण की दृष्टि से अधोबिन्दु (क़, ख़, ग़, ज़, फ़) के प्रयोग की जोरदार सिफारिश की थी। इस पर वाजपेयीजी ने अत्यन्त तीव्र प्रतिक्रिया व्यक्त की। बाद में वाजपेयी ने रुद्रजी को एक पत्र लिखकर कड़ी प्रतिक्रिया के लिए क्षमायाचना की। उसी पत्र के उत्तर में श्रीरुद्र काशिकेय ने उन्हें पत्र लिखा, यह पत्र 'अभिनव भारती' के अंक में प्रकाशित हुआ था, जो इस प्रकार था-

प्रिय वाजपेयीजी,

सस्नेह नमस्कार। सचमुच आपका कृपाकार्ड बड़ी ही मधुर और आकर्षक आकस्मिता के रूप में प्राप्त हुआ। समाधान यह मानकर कर लिया कि अकारण ही अयाचित अनुग्रह-दान बड़े-बूढ़ों का स्वभाव ही है।

आपने मेरे सिद्धान्त को काटा, मैं गौरवान्वित हुआ। यद्यपि अपने इस सिद्धान्त पर मैं अब भी दृढ़ हूँ कि अन्य भाषा के शब्दों की उच्चारणगत शुद्धता बनाये रखने के लिए नागरीलिपि में बिन्दु प्रयोग अनिवार्य है। यह सही है कि 'चन्द्रमा' अर्थ में क़मर शब्द का प्रचलन हिन्दी में नहीं है। 'कटि' अर्थ का वाचक 'कमर' ही यहाँ चलता है, फिर यदि किसी शायर

का उपनाम 'क़मर जलालाबादी' की जगह' हिन्दी में 'कमर जलालबादी' पढ़कर कोई भ्रम में पड़ जाये, तो वह उसका दुर्भाग्य और दुर्भाग्य 'क़मर' शब्द का भी। 'कमर' और 'क़मर' दोनों ही फारसी के संज्ञा शब्द हैं। अन्तर इतना ही है कि 'कमर' (कटि) स्त्रीलिंग है और 'क़मर' (चन्द्रमा) पुंल्लिंग। सो स्त्रीलिंग होती हुई भी 'कमर' हिन्दी में सौ बल खाने लगी और 'क़मर' बेचारा राहुग्रस्त-सा होकर रह गया। बकौल शायर-

दो फूल साथ फूले क़िस्मत जुदा जुदा है।

एक का बना है सेहरा एक क़ब्र पर चढ़ा है।।

मगर बिन्दुओं के इस ज़बरदस्त मेले और झमेले से कोई कहाँ तक बचे? यदि 'कमर' और 'क़मर' की कशमकश से छुटकारा मिल जाये, तो भी उसी फारसी में 'कमरी' और 'क़मरी' भी मौजूद है। 'कमरी' का अर्थ 'कुरती' और 'क़मरी' का अर्थ है- चन्द्रमा- सम्बन्धी।

-- जब हमने अरबी से क़र्ज (ऋण) लिया, तो फारसी का क़र्ज (गैंडा) भी सुरसरिता के किनारे नरम मोथा चरने चला आया। अब यदि सम्यक् बिन्दु का प्रयोग न करें, तो नागरी के बाज़ार में पता कैसे चलेगा कि कहाँ ऋण चढ़ा है, कहाँ गैंडा बढ़ा है।

सन्त कबीर की कृपा से अरबी का कबीर (श्रेष्ठ, महान्) शब्द हमारे लिए अपरिचित नहीं रह गया है, किन्तु उसी अरबी में एक शब्द है- 'कबीरः', जिसका अर्थ होता है- महापाप। अब यदि विसर्ग बिन्दुओं का प्रयोग न किया जाये, तो नागरी में कैसे पता चलेगा कि कौन पुण्यप्रभ कबीर है और कौन महापाप कबीरः? होली का अश्लील गीत 'कबीरा' शायद इसी (कबीरः) से बना है, किन्तु उक्त शब्दों के लिए कहा जा सकता है कि इनका हिन्दी में प्रचलन नहीं, अतः 'कारी' (फ़ा० अन्धा) और 'कोर' (अ० कब्र) तथा 'ग़ोर' फ़ा०- एक प्रदेश का नाम), चख (हि०-आँख और 'चख' (फ़ा- झगड़ा), 'जज' (अं०-न्यायकर्ता) और 'जज' (समुद्र का भाटा), 'जद' (अ०-दादा-नाना) 'और ज़द' (फा०-चोट- हानि) जैसे सैकड़ों शब्दों को हम छोड़ देते हैं। किसी ऐसे विदेशी शब्द की तलाश करते हैं, जिसका प्रचलन हिन्दी में अत्यधिक हो।

सम्भवतः 'जंग' (युद्ध) ऐसा ही शब्द है। है तो यह फ़ारसी का मगर 'माल से रंग है और जोर से तंग है' की हिन्दी कहावत तक में घुस पड़ा है. फ़ारसी का ही एक दूसरा शब्द है- 'ज़ंग' इसक अर्थ होता है- 'लोहे पर लगने वाला मुरचा या पीतल की घण्टी। मुरचा वाले अर्थ में हिन्दी में

यह खूब प्रचलित है। यदि ज़ पर बिन्दु न लगाया जाये, तो कैसे मालूम होगा कि कहाँ मुरचा लगा है और 'कहाँ युद्ध हो रहा है?

इसी तरह गोरी (गौर वर्णवाली) और ग़ोरी (ग़ोर प्रदेश का निवासी), गज (हाथी) और गज़ (एक नाप), 'वाग' (बल्गा) और बाग़ (उपवन) सभी हिन्दी में खूब प्रचलित है। कहीं-कहीं तो एक ही पंक्ति में दोनों रूपों का प्रयोग भी मिलता है। जैसे- पृथ्वीराज रासो में-

तू घर 'गौरी रहियँ, तू घर ग़ौरी तक्कियँ,

*या **'दस सहस्र गज बल थका, घटा ना ग़ज भर चीर'।***

आपने 'दस्त' (हाथ और पुरीष) शब्द का उदाहरण देकर बताया है कि प्रसंग से अर्थ-निर्देश हो जायेगा। यह ठीक है, क्योंकि मेरे विचार से प्रसंगोपेत अर्थ ग्रहण उन्हीं शब्दों का किया जाना चाहिए, जो किसी एक ही भाषा में अनेकवाची होते हैं। अपने यहाँ 'सैन्धव' जैसा समादृत शब्द इसका उदाहरण- है। यदि यात्रा-प्रसंग में इसका प्रयोग हो तो अर्थ 'घोड़ा' और भोजन का प्रसंग हो तो अर्थ 'नमक' होता है। 'दस्त के भी दो अर्थ फ़ारसी में चलते हैं। अतः यदि 'जायेज़रूर' की बात हो, तो 'दस्त' का अर्थ 'पुरीष' और कुछ प्राप्ति का डौल हो तो, 'दस्त' का अर्थ 'हाथ' है। मगर इसमें बिन्दु का तो कोई प्रश्न नहीं, और प्रसंग है उसी का। फिर दस्त का 'पुरीष' अर्थ लाक्षणिक है, 'आबदस्त' से।

मैं तो अब भी कहूँगा कि प्रत्येक भाषा किसी न किसी लिपि विशेष से सम्बद्ध होती है और उसी के द्वारा उसका भाव ठीक से प्रकट किया जा सकता है। किसी अन्य लिपि में उसे लिखने का प्रयत्न करने पर उसकी ध्वनियों को ठीक-ठीक प्रकट करने के लिए कुछ नये चिह्नों की आवश्यकता अनिवार्यतः पड़ सकती है।

रोमन लिपि में जब संस्कृत ग्रन्थ प्रकाशित किये जाने लगे तो 'ण' की ध्वनि के लिए भी रोमन लिपि में चिह्नों की कल्पना की गयी। चूँकि मैं मानता हूँ कि हमारी नागरी अत्यन्त विकसित और प्रायः पूर्ण लिपि है, अतः संसार की प्रायः सभी भाषाओं की ध्वनियाँ उसके माध्यम से सरलतापूर्वक प्रकट की जा सकती हैं, परन्तु अरबी-प्रसूत उर्दूलिपि के नागरीकरण के लिए हमें बिन्दुओं का प्रयोग करना ही पड़ेगा। इसका कारण केवल उस लिपि का निरालापन है। उसके निर्माण में बिन्दुओं का जैसा विपुल प्रयोग हुआ है, वैसा संसार की अन्य किसी भी लिपि के निर्माण में नहीं।

यह (अरबी-फारसी) लिपि बिन्दुबहुला है। एक ही टेढ़ी-मेढ़ी, एँड़ी-बैड़ी, रेखा के ऊपर-नीचे, अगल-बगल, एक, दो तीन बिन्दु लगाकर उसके अधिकांश वर्णों की रचना हुई है। जैसे- बे, पे, से, ते, जीम, ते, खे, जाल, जे, ज़े, जीन, ज़्वाद, जो, ग़ैन, फ़े, क़ाफ़ और नून की रचना नागरी में, उक्त ध्वनियों को प्रकट करने के लिए बिन्दु के व्यवहार द्वारा हम अपनी लिपि को पूर्णता की ही ओर अग्रसर करेंगे। आख़िर लुप्त 'अ' की ध्वनि का बोध कराने के लिए ही तो संस्कृत में अवग्रह (ऽ) की कल्पना की गयी थी। हिन्दी में उसकी आवश्यकता नहीं पड़ी, अतः हमने उसे ग्रहण नहीं किया।

.... स्वयं अरबी-फारसी में हलन्त प्रयोग प्रायः है ही नहीं। केवल कुछ अकारान्त शब्द हैं, जो हलन्त लिखे जाते हैं। जैसे- क़सदन्, फ़ौरन्, असालतन् आदि। अतः इस समस्या का हल फ़ारसी वालों ने 'हल्' चिह्न के रूप में तनकीन की कल्पना से निकाला। उनके यहाँ जो 'ज़बर' का चिह्न है, उसे ही 'अलिफ़' के ऊपर दो बार लगाकर काम चला लिया, फ़ौरा लिखकर उस पर तनकीन चिह्नित कर देने से वह 'फौरन' पढ़ा जाता है। आखिर हमने भी 'ड़' ध्वनि के लिए 'ड' के नीचे बिन्दु की कल्पना कर ही ली है।

*-- बात तो है कुछ विचित्र-सी, परन्तु सत्य भी उतनी ही कि आज हिन्दी में द्विधा या द्विविधा के रूप में जो दिखायी दे रहा है, उस सबका सूत्रपात भारतेन्दु हरिश्चन्द्र के ही समय में हो गया था। नवाक्षरों में उर्दू गजलों के संकलन और प्रकाशन का कार्य भी उन्होंने किया था और **'चमनिस्तान हमेशः बहार'** नाम से चार भागों में उर्दू गजलें प्रकाशित की थीं। .... उसी परम्परा का निर्वाह बहुत ही निखरे रूप में श्री अयोध्याप्रसाद गोयलीय 'शेरोसुख़न' के प्रकाशन द्वारा कर रहे हैं। यदि वे 'ख' के नीचे बिन्दु न लगायें और उसे कोई 'सुख न' समझ ले, तो दोष किसका?*

पत्र आवश्यकता से अधिक विस्तार पा गया, परन्तु आपके विचारार्थ अपना पक्ष तनिक विस्तार से प्रस्तुत करना मेरा अमीष्ट है। अतः मैं ऐसी चार पंक्तियाँ लिख रहा हूँ, जिनमें बिन्दु लगाने या हटाने से अर्थ में घोर परिवर्तन हो सकता है। जैसे-

जब सुबहे बिसाल ज़ाग बोले,
हाँ, जैसे उठाये बाग बोले,
कूकने का ही काम क़ाज करें,
ऐश के संग लाख़ सुराग़ बोले।

यह प्रभात काल का वर्णन है। 'जब मिलन रात्रि का सवेरा हुआ, तो 'ज़ाग' (कौए) बोल उठे। (इस तरह) बोले जैसे (उन्होंने सिर पर) उपवन को उठा लिया हो। आनन्द की दुरूह तलाश भी बोल उठी कि बत्तखें केवल कूकने का काम करें।'

अब आज के सिद्धान्तानुसार बिन्दु हटा कर उसे लिखें-

जब सुबहे बिसाल जाग बोले,

हाँ, जैसे उठाये बाग बोले,

कूकने का ही काम काज करें,

ऐश के साथ लाख सुराग बोले।

अब इसका अर्थ इस तरह हो जाएगा-

'मिलन की रात्रि का सबेरा होने पर वे उठे, तो इस तरह बोले कि जैसे लगाम उठाये, घोड़े पर सवार हों। आनन्द के साथ लाखों सुन्दर राग बोले उठे कि आज कूकने के सिवा और कोई काम-काज न किया जाये।"

अब आप ही बताइए कि अर्थ- परिवर्तन हुआ कि नहीं?

- रुद्र काशिकेय

इस प्रकार हमने देखा कि हिन्दी वर्तनी की समस्याओं से निजात पाने के लिए वैयाकरणों, भाषा वैज्ञानिकों, लेखकों, सम्पादकों, प्रकाशन-समूहों के आग्रह पर उनकी ओर से अनेक विद्वानों, अनेक हिन्दी संस्थाओं आदि ने पुस्तिकाएँ लिखकर वर्तनी में सुधार के सुझाव प्रस्तुत किये, किन्तु आज भी वर्तनी की समस्या जस की तस है। आज भी लेखक व प्रकाशक तथा उनके सम्पादक मानमाने रूप में हिन्दी वर्तनी को और भी समस्यामूलक बना रहे हैं।

●●●

अध्याय-सात

वर्तमान मानक वर्तनी का निर्धारण

पिछले अध्याय में हमने देखा कि आज तक भी हिन्दी की वर्तनी के विषय में प्रायः विद्वान् एकमत नहीं रहे हैं। सभी विद्वान् हैं, सभी की अपनी-अपनी मान्यताएँ हैं और अपनी-अपनी जिद है। हिन्दी वर्तनी की समस्याएँ इसलिए भी अधिक उलझी हैं कि लोग वास्तविकता की ओर ध्यान न देकर, उसे सम्पूर्णता में नहीं देखना चाहते हैं। बिहार का व्यक्ति केवल उसे ही शुद्ध मानता है, जो उसके यहाँ प्रचलित है, तो पश्चिमी हिन्दी प्रदेश का व्यक्ति उसे ही शुद्ध मानना चाहता है, जो उसके क्षेत्र में प्रचलित है। कोई व्यक्ति केवल परम्परा के आधार पर वर्तनी को रखना चाहता है, तो केवल उच्चारण ध्वनि के आधार पर।

वास्तविकता यह है कि संस्कृत से पाली, प्राकृत, अपभ्रंश से होकर हिन्दी का विकास हुआ है, किन्तु हिन्दी एक स्वतन्त्र भाषा है और उसके अपने नियम और अपनी परम्पराएँ हैं। समय-समय पर अरबी-फारसी-अँग्रेजी आदि भाषाओं ने हिन्दी भाषा को समृद्ध बनाया है। हिन्दी एक विस्तृत क्षेत्र में प्रचलित है। सभी क्षेत्रों की लेखन और उच्चारण की अपनी-अपनी परम्पराएँ हैं। साथ ही यह भी उल्लेखनीय है हिन्दी भाषा मूल स्वरूप और आधार संस्कृत ही है। गद्य लेखन में इसने खड़ी बोली के स्वरूप को स्वीकारा है। अतः इन सबको स्वीकारते हुए, सबका समन्वय करते हुए ही हिन्दी वर्तनी के नियमों एवं उसके रूपों का लेखन करने की जरूरत है।

अब तक के विद्वानों के विचार, जो कि अलग-अलग हैं, उन पर दृष्टिपात करने पर यह ज्ञात होता है कि अब भी एक सर्वमान्य वर्तनी बन नहीं पायी है। फलस्वरूप प्राथमिक कक्षाओं से लेकर उच्च कक्षाओं तक के छात्रों व पाठकों, लेखकों, प्रकाशकों, सम्पादकों व विद्वानों को भी हिन्दी वर्तनी के विषय में भ्रान्ति व ऊहापोह की स्थिति बनी हुई है।

यह स्थिति प्राय: निम्नलिखित रूपों में है–

(1) संयुक्त वर्ण
(2) विभक्ति चिह्न
(3) क्रिया पद
(4) हाइफन
(5) अव्यय
(6) श्रुतिमूलक 'य' तथा 'व'
(7) अनुस्वार तथा अनुनासिक चिह्न (चन्द्रबिन्दु)
(8) हल् चिह्न
(9) स्वन (ध्वनि) परिवर्तन
(10) विसर्ग
(11) विदेशी ध्वनियाँ
(12) 'ए', 'औ' का प्रयोग
(13) 'द्वित्व' व्यंजन
(14) द्विरुक्ति के लिए (2) का प्रयोग
(15) 'द्ध' तथा 'ध' में विकल्प
(16) मध्य 'अ' लोपी शब्द
(17) 'त्त' और 'क्त' संयुक्ताक्षर का प्रयोग
(18) उपर्युक्त और 'उपरोक्त' का प्रयोग
(19) अन्य नियम

उपर्युक्त के बारे में क्रमश: वर्णन किया जा रहा है–

(1) संयुक्त वर्ण

(क) **खड़ी पाई वाले व्यंजन**– खड़ी पाई वाले व्यंजनों में अर्द्ध व्यंजन संयुक्त करते समय, खड़ी पाई को हटाकर ही संयुक्त व्यंजन बनाना चाहिए। उदाहाणार्थ– ख्याति, लग्न, कच्चा, छज्जा, नगण्य, कुत्ता, पथ्य, ध्वनि, न्यास, प्यास, डिब्बा, सभ्य, रम्य, शय्या, उल्लेख, व्यास, श्लोक, स्वीकृति, यक्ष्मा आदि।

(ख) ङ, छ, ट, ठ, ड, ढ, द और अ के संयुक्ताक्षर हल् चिह्न लगाकर बनाये जाने चाहिए। जैसे–

वाङ्मय, लट्टू, बुड्ढा, विद्या, चिह्न, ब्रह्मा, बुद्धि आदि।

वर्तमान में विद्या, चिह्न, ब्रह्मा, वाङ्मय, बुद्धि आदि रूप भी चल रहे हैं, जो शुद्ध हैं।

(ग) संयुक्त रूप 'र' के प्रचलित तीनों रूप यथावत रहेंगे, क्योंकि 'र' की स्थिति कुछ भिन्न है।

(i) यदि 'र' शब्द में पहले हो और बाद में कोई व्यंजन हो, तो 'र' उस व्यंजन के ऊपर दिया जाता है। इसे 'रेफ' कहते हैं। जैसे-

धर्म (ध+र्+म), शीर्षक (शी+र्+ष+क) यदि व्यंजन के बाद कोई मात्रा हो, तो रेफ (र) उस मात्रा के ऊपर लगता है। जैसे- वर्मा, कर्मी, धर्मेन्द्र आदि।

(ii) यदि आधा व्यंजन (स्वर रहित) के बाद पूरा 'र' (स्वर रहित) हो तो, पाई वाले व्यंजन में '्र' की तरह लगाया जाता है। जैसे- व्रत (व्+र+त), व्रज (व्+र+ज), सम्राट (स+म्+र+आ+ट) आदि।

(iii) बिना पाई वाले ट्, ठ्, ड्, ह आदि व्यंजन के साथ पूरा 'र' इस प्रकार जुड़ता है-

ट्रक (ट्+र+क), राष्ट्र (रा+ष्+ट्+र)

ड्रामा (ड्+र+आ+म+आ) आदि

किन्तु 'ह' के साथ पूरा 'र' इस प्रकार जुड़ता है-

ह्रस्व (ह्+र+स्व), ह्रास (ह्+र+आ+स) आदि साथ ही 'श्र' का रूप यथावत् रहे। इसे 'श्‍र' के रूप में न लिखा जाये। त्+र के संयुक्त रूप के लिए त्र और त्र दोनों रूप लिखे जा सकते हैं।

(घ) हल् चिह्नयुक्त वर्ण से बनने वाले संयुक्ताक्षर के द्वितीय व्यंजन के साथ 'इ' की मात्रा का प्रयोग सम्बन्धित व्यंजन के तत्काल पूर्व ही किया जाना चाहिए। जैसे- कुट्टिम, द्‍वितीय, बुद्‍धि मान, चिह्‍नित आदि। वर्तमान में इस समस्या से बचने के लिए टाइप फाण्टों व कम्प्यूटरों के साफ्टवेयर में इनके संयुक्ताक्षर बन गये हैं- जैसे- कुट्टिम, द्वितीय, बुद्धिमान, चिह्नित आदि। ये पढ़ने, समझने व लिखने में भी आसान हैं।

(ङ०) संस्कृत में संयुक्ताक्षर पुरानी शैली से भी लिखे जा सकते हैं। जैसे- पङ्क, का पङ्क, अङ्क या अंक का अङ्क, वाङ्मय या वांगमय का वाङ्मय।

(2) विभक्ति चिह्न

(क) हिन्दी के विभक्ति चिह्न सभी प्रकार के संज्ञा शब्दों में से अलग लिखे जायें। जैसे- राम ने, युद्ध में, रथ पर, सीता के लिए। किन्तु सर्वनाम के साथ संयुक्त रूप से लिखे जायें। जैसे- उसने, उसको, उससे, उसपर आदि।

(ख) यदि दो विभक्तियों का प्रयोग करना हो, तो पहली विभक्ति को सर्वनाम के साथ और दूसरी को अलग रखा जाये। जैसे-उसके लिए, उसमें से, उनमें से, मेरे लिए, इसके लिए, आपके द्वारा आदि।

(ग) यदि सर्वनाम के रूप बड़े हों, तो विभक्तियों को अलग-अलग लिखें। जैसे- आप लोगों के, आप लोगों के द्वारा, उन लोगों में, उन लोगों में से आदि।

(घ) सर्वनाम और विभक्ति के बीच 'ही', 'तक', 'भी' आदि अव्यय हों, तो विभक्ति को अलग लिखा जाये जैसे- आप ही के लिए, मुझ तक को आदि।

(3) क्रियापद

(क) संयुक्त क्रियाओं में सभी अंगीभूत क्रियाएँ अलग-अलग लिखी जायें। जैसे- पढ़ा करता है, आ सकता है, जाया करता है, खाया करता है, जा सकता है, किया करता था, पढ़ा करता था, खेला करेगा, बढ़ते चले जा रहे हैं आदि।

(ख) उपसर्ग और प्रत्यय वाले शब्दों को एक साथ लिखा जाये।

जैसे- उपसर्ग- अध (उपसर्ग)+पका = अधपका, प्रतिध्वनि, खुशहाल आदि।

प्रत्यय- पढ़कर, पढ़वाकर, दूधवाला, लकड़हारा आदि।

(3) हाइफन

हाइफन का विधान स्पष्टता के लिए किया जाता है। यह चिह्न दो शब्दों को जोड़ता है। इसका प्रयोग निम्नलिखित स्थितियों में किया जाये-

(क) जब दो पद प्रधान हों- जैसे- भाई-बहन, सीता-राम।

(ख) विलोम शब्दों में- जैसे- अच्छा-बुरा, स्वर्ग-नरक, लाभ-हानि आदि।

(ग) एक शब्द सार्थक और दूसरा निरर्थक हो। जैसे- उल्टा-पुलटा, रोटी-वोटी, झूठ-मूठ, चाय-वाय, पानी-वानी आदि।

(घ) पुनरुक्ति या द्विरुक्ति में- जैसे- गाँव-गाँव, शहर-शहर, अपना-अपना आदि।

(च) दो विशेषणों में। जैसे- दो-चार, दस-बीस आदि।

(छ) सा, से, सी, जैसे, जैसा आदि में। जैसे- चाँद-सा मुखड़ा, कम-से-कम, तुम-सा, राम-जैसा, चाकू-से तीखे, आदि।

(ज) द्वन्द्व समास में पदों के बीच हाइफन (संयोजन चिह्न) रखा जाये। जैसे- देख-रेख, चाल-चलन, हँसी-मजाक, लेन-देन, पढ़ना-लिखना, खाना-पीना, खेलना-कूदना आदि।

(झ) जब दो शब्दों के बीच सम्बन्ध कारक का चिह्न 'का', 'के', 'की' लुप्त हों। जैसे- राम-लीला (राम की लीला), लीला-भूमि (लीला की भूमि), मानव-जीवन (मानव का जीवन), जीवन-दर्शन (जीवन का दर्शन), शब्द-भेद (शब्द का भेद), ज्ञान-सागर (ज्ञान का सागर), सन्त-मत (सन्त का मत), लेखन-कला (लेखन की कला) आदि।

(ञ) तत्पुरुष समास में हाइफन का प्रयोग केवल वहीं किया जाये, जहाँ उसके बिना भ्रम होने की आशंका हो, अन्यथा नहीं। जैसे-भू-तत्त्व, भूतत्त्व नहीं अन्यथा पृथ्वी-तत्त्व के बदले भूत तत्त्व का भ्रम हो जायेगा।

सामान्यतः तत्पुरुष समासों में हाइफन नहीं लगाया जाता है। जैसे- रामराज्य (राम का राज्य), राजकुमार (राजा का कुमार), गंगाजल (गंगा का जल), ग्रामवासी (ग्राम का वासी) आदि।

इसी प्रकार यदि 'अ-नख' (बिना नख का) समस्त पद में हाइफन न लगाया जाये, तो उसे 'अनख' पढ़ जाने से 'क्रोध' का अर्थ निकलेगा। 'अ-नति' (नम्रता का अभाव), अनति' (थोड़ा), 'अ-परस' (जिसे किसी ने न छुआ हो),

अपरस (एक चर्म रोग) आदि समस्त पदों की भी यही स्थिति हैं। ये सभी युग्म वर्तनी और अर्थ दोनों दृष्टियों से भिन्न-भिन्न शब्द हैं।

(ट) पदों, दुकानों, संस्थानों, समितियों आदि के नाम बिना हाइफन के साथ अर्थात् एक साथ मिलाकर लिखा जाना चाहिए। जैसे- उपकुलपति, पाटलिपुत्र, किताबघर, सोवियतसंघ, नागरीप्रचारिणी सभा आदि।

(5) अव्यय

'तक', 'साथ' आदि अव्यय हमेशा अलग लिखे जायें। जैसे- आपके साथ, यहाँ तक आदि। इस नियम को कुछ और उदाहरण देकर स्पष्ट करना आवश्यक है। हिन्दी में आह, ओह, अहा, ऐ, ही, तो, सो, भी, न, जब, तक, कब, यहाँ, वहाँ, कहाँ, सदा, क्या, श्री, जी, तब, भर, मात्र, साथ, कि, किन्तु, मगर, लेकिन, चाहे, या, अथवा, तथा, यथा, और आदि अनेक प्रकार के भावों का बोध कराने वाले अव्यय हैं।

कुछ अव्ययों के आगे विभक्ति चिह्न भी आते हैं। जैसे- अब से, तब से, यहाँ से, वहाँ से, सदा से आदि। नियम के अनुसार अव्यय सदैव अलग ही लिखे जाने चाहिए। जैसे- आप ही के लिए, मुझ तक को, आपके साथ, गज़ भर कपड़ा, देश भर, रात भर, दिन भर, वह इतना भर कर दे, मुझे जाने तो दो, काम भी नही बना, पचास रुपये मात्र आदि।

'श्री' व 'जी' आदर सूचक को शब्द के आदि व अन्त में मिलाकर लिखें, जायें, किन्तु दोनों पदों को एक साथ लिखने पर श्री को अलग लिखा जाये। यदि किसी का नाम श्री से आरम्भ होता है, तो भी नाम के साथ जोड़कर ही लिखा जाये। जैसे-

श्री- श्रीराम, श्रीगणेश, श्रीयुत्, धनश्री, जयश्री

जी- भाईजी, बहनजी, माताजी, रामजी आदि।

किन्तु, श्री श्रीराम, श्री श्रीकृष्ण, कन्हैयालालजी, महात्माजी, इस प्रकार लिखा जाना चाहिए।

समस्त पदों में प्रति, मात्र, यथा आदि अव्यय पृथक् नही लिखे जायेंगे। जैसे- प्रतिदिन, प्रतिशत, मानवभाव, निर्मित्तभाव, यथासमय, यथोचित आदि। यह सर्वविदित नियम है कि समास होने पर समस्त पद एक माना जाता है। अत: उसे अलग न लिखकर एक साथ ही लिखना उचित है।

(6) श्रुतिमूलक 'य', 'व' का प्रयोग

शब्दों के अन्त में ए/ये अथवा ई/यी लिखा जाये- इसमें बहुत मतान्तर है। कोई गए/गई लिखता है, तो कोई गये/गयी। इसी प्रकार कोई नए/नये लिखता है, तो कोई नई/नयी।

इसी प्रकार कोई लिए/लिये लिखता है, तो कोई चाहिए/चाहिये, कोई कीजिए/कीजिये लिखता है, तो कोई लीजिए/लीजिये लिखता है।

आचार्य किशोरीदास वाजपेयी ने इसके रूपों को लिखने की जो व्यवस्था दी, वह बहुत ही क्लिष्ट व गड़बड़झाला वाला रूप है। उन्होंने 'ये', 'यी' के स्थान पर ए, ई की जो व्युत्पत्ति की है, वह उन जैसों के लिए ही ठीक है। इसके बारे में और भी व्युत्पत्तियाँ हैं। डॉ० भोलानाथ तिवारी ने लिखा है कि 'लोग सोचते हैं कि यदि 'गया' शुद्ध है, तो 'गये', 'गयी' क्यों शुद्ध नहीं है?'

वस्तुतः ध्यान देने की बात है कि 'चला' = 'चल+आ' है, पढ़ा = 'पढ़+आ' है। अर्थात् इनमें 'आ' प्रत्यय है। इसी प्रकार 'ग+आ' भी है, किन्तु 'ग+आ' का उच्चारण सुविधापूर्वक नहीं हो सकता, अतः 'य' का आगम मात्र उच्चारण के लिए 'गया' कर लिया गया है। इस तरह 'ग' और 'अ' की व्याकरणिक सत्ता है किन्तु 'य' की केवल औच्चारणिक सत्ता है।

इसी दृष्टि से 'गयी' को देखें, तो इसमें 'ग+ई' है। इसमें उच्चारण में कोई कठिनाई नहीं है। अतः 'य' की आवश्यकता नहीं है। यों 'गयी' लिखें भी तो उच्चारण 'गई' ही होगा। अतः 'गयी' रूप 'य' के साथ लिखना निरर्थक है। मात्र 'गई' लिखना ही पर्याप्त है''

डॉ० भोलानाथ तिवारी ने आचार्य वाजपेयी के ही नियमों के समर्थित रूप में लिखा है- ''हिन्दी भाषी 'गये' नहीं बोलते 'गए' बोलते हैं, अतः 'गये' रूप में 'य' का समावेश इसमें भी निरर्थक है। निष्कर्षतः ऐसे सारे रूपों में 'ई' तथा 'ए' स्वर पर्याप्त है, 'य' की आवश्यकता नहीं।''

इस सम्बन्ध में यह कहना है कि जिस प्रकार ग+आ = 'गआ' न स्वीकार करके 'य' की कल्पना करके 'गया' शब्द बनया गया और उसका एक रूप स्थिर कर लिया गया, उसी प्रकार 'ग+ई' में भी 'गया' के रूप के अनुसार 'गयी', 'गये' आदि लिखना भी यथार्थ व्यावहारिक है, और यह भी उच्चारण में, समझने में व लिखने में भी व्यावहारिक है। यह शब्द की एकरूपता को भी स्थिर करता है।

डॉ० भोलानाथ तिवारी के अनुसार- ''मोटे रूप से ऐसे ही 'चलेगा' = चल्+ए+गा', पढ़ेगा (पढ़+ए+गा ठीक हैं, तो आएगा- आ+ए+गा ही ठीक

होगा, 'आवेगा' या 'आयेगा' नहीं। निष्कर्षतः कहा जा सकता है कि य-व जहाँ भी विकल्प से आयें, उन्हें लाने की आवश्यकता नहीं है। यह नियम 'संज्ञा' (मातायें/**माताएँ**, लतायें/**लताएँ**, कन्यायें+**कन्याएँ**, कौवा/**कौआ**), अव्यय (लिये/**लिए**), विशेषण (**नयी**/नई, **नये**/नई) तथा क्रिया (**जाये**/जावे/ जाए, **आयेगा**/आवेगा/आएगा, चलिये/**चलिए**, **गयी**/गई, **आयी**/आई) सभी पर लागू होता है। इसलिए उदाहरणों में मोटे टाइप की वर्तनी ही ठीक है, 'ये' 'व' वाली नहीं।''

इस प्रसंग में ध्यान देने वाली बात यह है कि जब गया = ग+आ में 'आ' के स्थान पर 'य+आ' जोड़कर 'गया' शब्द बन गया, तब उसके ही रूप सादृश्य पर 'गये', 'गयी' लिखने में क्या बुराई और अड़चन है? इसी प्रकार 'आया' के सादृश्य पर 'आये', भविष्यत काल के लिए 'आयेगा' लिखने में क्या हर्ज है? इसी प्रकार 'जाये के रूप सादृश्य पर 'जायेगा' ही ठीक है। इसमें किसी नियम (व्याकरण के) की जरूरत नहीं है। 'जावेगा' और 'आवेगा' रूप अब समाप्त प्राय हैं। 'आया' के रूप सादृश्य पर 'आये' ही ठीक है, स्वर 'ई' का यहाँ क्या काम?

नीचे कुछ शब्दरूपों का लिखा जा रहा है, जो 'वर्तनी' के मानक रूप माने जाने चाहिए-

गया- गये, गयी, आदि।

आया- आये, आयी, आयेगा, आयेंगे, आयेगी आदि

नया- नये, नयी आदि

जाये- जायेगा, जायेंगे, जायेगी आदि

पहुँचाया- पहुँचायी, पहुँचाये

दिखाया- दिखायी, दिखाये, दिखलाया, दिखलायी, दिखलाये

बनाया- बनायी, बनाये

फैले- फैलाया, फैलायी, फैलाये,

दिखा/दीखा- दिखलाया, दिखलायी, दिखलाये

पहिये- पहिया, पहियों आदि।

इस प्रकार के शब्द रूप बनेगें, किन्तु निम्नलिखित शब्दों को इस प्रकार लिखा जायेगा-

माता- माताएँ, माताओं

चाहा- चाहो, चाहिए, चाहिएगा, चाहेगा

लता- लताएँ, लताओं

कन्या- कन्याएँ, कन्याओं

चले- चलिए

पढ़ा- पढ़िए

उठा- उठिए,

जाइए- जाइएगा

लीजिए- लीजिएगा

दीजिए- दीजिएगा आदि।

'लिए' और 'लिये' शब्दों का प्रयोग भी अलग-अलग प्रसंगों में होता है और इनका प्रयोग भी उन्हीं सन्दर्भों में करना चाहिए। क्रिया- विशेषणों में लिया, लिये, का ही प्रयोग करना चाहिए जैसे-

आपने पाँच रुपये **लिये**। (क्रिया)

उसने मुझे बचा **लिया** (क्रिया)

उसने एक आम **लिया** (क्रिया)

किन्तु 'अव्यय' व कारक विभक्ति में 'लिए' का ही प्रयोग करना चाहिए। जैसे-

आपके **लिए** मैं खड़ा हूँ।

मेरे **लिए** कपड़े लाओ।

इसी प्रकार जहाँ 'य' श्रुति मूलक व्याकरणिक परिवर्तन न होकर शब्द का ही मूल तत्त्व हो, अर्थात् जहाँ शब्दों की रचना में 'य' है, वहाँ वैकल्पिक श्रुतिमूलक स्वरात्मक परिवर्तन अर्थात् 'यी' के स्थान पर 'ई' की आवश्यकता नहीं है। जैसे- न्यायी, स्थायी, अव्ययीभाव, आततायी, अनुयायी, फलदायी, वरदायी, विषपायी, विषयी जैसे शब्दों में 'यी' ही रहेगा। उसके स्थान पर 'ई' का प्रयोग नहीं हो सकता।

(7) अनुस्वार तथा अनुनासिक (चन्द्रबिन्दु) चिह्न

इसके प्रयोग में कई प्रकार की अनेकरूपताएँ हैं।

(क) कुछ लोग जहाँ अनुस्वार (-ं) आवश्यक है, वहाँ इसका प्रयोग करते हैं तथा जहाँ अनुनासिक (-ँ) आवश्यक है, वहाँ अनुनासिक का। यहाँ तक कि वे 'हैं' को 'हैँ, 'मैं' 'मैँ' तथा 'पढ़ीं' को पढ़ीँ लिखते हैं। हालाँकि इसका प्रचलन कम ही है।

(ख) बहुत से लोग दोनों का यथास्थान प्रयोग करते हैं, किन्तु यदि शिरोरेखा के ऊपर मात्रा हो, तो अनुनासिक के स्थान पर अनुस्वार का प्रयोग करते हैं। जैसे- बिंधना, लिखीं, में, मैं, होंठ, सौंफ आदि।

(ग) कुछ लोग सब जगह केवल अनुस्वार का ही प्रयोग करते हैं। जैसे- सांस, ऊंट, हंसी आदि साँस, ऊँट, हँसी नहीं।

वस्तुतः छपाई में अनुनासिक के स्थान पर अनुस्वार का ही प्रयोग होते-होते बाद में यही परम्परा-सी हो गयी। अब तो अनेक पत्र-पत्रिकाओं और समाचार-पत्रों में भी प्रेस की कम्पोजिंग सुविधा की दृष्टि से अनुस्वार का ही प्रयोग हो रहा है। इन्हीं के प्रभावस्वरूप बहुत से लोग और विशेष रूप से कुछ प्रकाशक अनुनासिक का प्रयोग न करके अनुस्वार का ही प्रयोग करते हैं, जो बिलकुल गलत है। इस प्रयोग से बहुत-सी भ्रान्तियाँ हो जाती हैं और अर्थ का अनर्थ हो जाता है। उदाहरण के लिए- 'हँस' हँसना का आज्ञासूचक रूप तथा 'हंस' एक पक्षी। इसी प्रकार 'हँसी' तथा 'हंसी' में बहुत अन्तर है। ऐसे ही 'बेदाँत' और 'वेदांत' में अन्तर है। 'बेदाँत' का अर्थ है- बिना दाँत वाला और वेदांत का अर्थ है- दर्शन शास्त्र। इसलिए सर्वत्र अनुस्वार का प्रयोग गलत है। इस सम्बन्ध में निम्नलिखित ध्यान रखना चाहिए-

(1) अनुस्वार का प्रयोग जहाँ आवश्यक है, वहाँ करना चाहिए। अर्थात् य, र, ल, व, श, ष, स और ह के पूर्व। जैसे- संसार, संहार, संयम, संरचना, संलग्न, वंश, संशय, संयन्त्र, संलाप, संवाद, स्वयं, अहं, एवं आदि।

(2) वर्तमान में 'क' वर्ग, 'च' वर्ग तथा 'ट' वर्ग में अनुस्वार का प्रयोग किया जा रहा है। जैसे- अंक, अंग, कंक, टंडन, चंचल, चंचरीक आदि।

वास्तव में यह प्रयोग गलत है। यहाँ अंक के स्थान पर अङ्क या अङ्क, अंग के स्थान पर अङ्ग या अङ्ग, 'कंक' के स्थान पर 'कङ्क' या 'कङ्क', टंडन के स्थान पर टण्डन, चंचल के स्थान पर चञ्चल, चंचरीक के स्थान पर चञ्चरीक होना चाहिए। व्यर्थ के सूत्र रचकर शब्द लेखन में दुरूहता नहीं लानी चाहिए। इसके लिए संस्कृत व्याकरण का यह नियम सर्वमान्य होना चाहिए कि क' वर्ग, 'च' वर्ग, 'ट' वर्ग, 'त' वर्ग और 'प' वर्ग में पंचमाक्षर (अन्तिम वर्ण), को अर्द्धरूप में मात्रा के रूप में लगाना चाहिए।

प्रेस में टंकण की परेशानी से बचने के लिए अनुस्वार की मात्रा लगाने का बहाना अब समाप्त हो गया है। हिन्दी की देवनागरी लिपि में लेटर टाइपों व कम्प्यूटर के अनेक साफ्टवेयरों में लगभग सभी संयुक्ताक्षर बन गये हैं,

नियमतः उनका प्रयोग होना चाहिए। यहाँ जिस फाण्टों में 'ङ्क', 'ङ्ख', 'ङ्ग', और 'ङ्घ' के अक्षर नहीं बने हैं, वहाँ फिलहाल अनुस्वार का प्रयोग किया जा सकता है।

(3) अनुनासिक के प्रयोग के सम्बन्ध में ऐसी परम्परा है कि इसका प्रयोग केवल वहीं किया जाता है, जहाँ शिरोरेखा के ऊपर कोई मात्रा न हो। जैसे- हँसना, आँख, साँस, उँगली, ऊँट आदि। इसके विपरीत आदि शिरोरेखा के ऊपर कोई मात्रा हो, तो अनुनासिक के स्थान पर अनुस्वार का ही प्रयोग किया जाता है। जैसे- में, मैं, बिंधना, बींधना, ईंधन, सेंकना, चोंच, कौंधना आदि। वास्तविकता यह है कि उपर्युक्त शब्दों में मात्रा अनुनासिक की ही होनी चाहिए- जैसे- कौँधना, मैँ, बिँधना, बीँधना, ईँधन, सेँकना, चोँच आदि।

ऐसे शब्दों में अनुनासिक न देने का कारण टंकण, प्रेस या लेखन में असुविधा को बताया जाता है। किन्तु यह स्मरणीय है कि कम्प्यूटर के साफ्टवेयरो से कम्पोज व छपाई के कारण इन मात्राओं न टूटने की आशंका है, और न लेखन में असुविधा है। इसके लगाने से मात्रा के सही उपयोग और शुद्ध लेखन की प्रवृत्ति आयेगी। अतः यदि कोई शुद्ध लेखन की दृष्टि से अनुनासिक का प्रयोग करे, तो किसी को आपत्ति नहीं होनी चाहिए।

चूँकि परम्परा से अनुनासिक के स्थान पर अनुस्वार का प्रयोग बहुत वर्षों से होता चला आ रहा है, और लेखक, टंकक, पाठक और प्रकाशक इसी के अभ्यस्त हो चुकें हैं, अतः केवल ऐसे स्थानों पर, ऐसी मात्राओं (अनुस्वार) के लगाने की छूट दी जा सकती है। वैसे अब साफ्टवेयर बनाने वालों की चाहिए वे में, मैं, आदि के लिए (ँ चन्द्रबिन्दु) से जुड़ी हुई मात्रा वाले शब्द बनायें।

कुछ विद्वानों का यह सुझाव है कि 'छोटे बच्चों की प्रवेशिका की कक्षाओं जहाँ चन्द्रबिन्दु का सिखाना आवश्यक हो, वहाँ अनुनासिक (चन्द्रबिन्दु) का यथा-स्थान सर्वत्र प्रयोग अवश्य किया जाये।'

अब यहाँ विचारणीय बात यह है कि जब छोटे बच्चों को अनुनासिक या चन्द्रबिन्दु का प्रयोग प्रारम्भिक कक्षाओं में सिखाया जा सकता है (सम्भवत आठवीं कक्षा तक), तो उसके बाद क्या यह सिखाया जायेगा कि अब अनुस्वार का प्रयोग करो। और, क्या इससे बच्चे विभ्रम (कनफ्यूजन) में नहीं पड़ेंगे कि क्या लिखें और क्या नहीं लिखें।

'अनुस्वार, अनुनासिक (चन्द्रबिन्दु) और नासिक्य (पंचम वर्ण) के प्रयोग का सर्वप्रथम नियम आचार्य महावीर प्रसाद द्विवेदी और उनके समकालीन

आचार्य कामता प्रसाद गुरु का बनाया हुआ है कि अनुस्वार तथा चन्द्रबिन्दु का प्रयोग यथास्थान किया जाना चाहिए, किन्तु यदि शिरोरेखा के ऊपर कोई मात्रा हो, तो चन्द्रबिन्दु के स्थान पर अनुस्वार ही लगाया जाना चाहिए।' यह किसी व्याकरण का नियम नहीं है। क्योंकि इसके पूर्व में, मैं आदि में अनुनासिक मात्राएँ ही लगायी जाती थीं। आचार्य किशोरीदास वाजपेयी ने भी उक्त दोनों का समर्थन किया था।

(8) **विदेशी ध्वनियाँ-**

(क) अधोबिन्दु की समस्या

अरबी-फारसी तथा अँग्रेजी भाषा की कुछ ध्वनियाँ हिन्दी भाषा में आ गयी हैं, विशेष कर उत्तर भारत के पश्चिमी क्षेत्रों में उनका प्रयोग बहुत होता है। वैसे अरबी-फारसी की सभी ध्वनियाँ उर्दू में भी ज्यों की त्यों नहीं हैं। जैसे- 'क़' ध्वनि का उच्चारण उर्दू में भी शुद्धतावादी ही बोलते हैं। ऐसी स्थिति में ख़, ज़, ग़, फ़ ध्वनियों को भी हिन्दी में स्वीकार करना चाहिए या नहीं। इनके विरोधी जोड़े भी हिन्दी में हैं। ज़, फ़ अँग्रेजी से भी प्राप्त हैं। अतः शुद्धता के लिए इन ध्वनियों को हिन्दी में भी स्वीकार करना चाहिए। नागरी प्रचारिणी सभा काशी के प्रतिनिधि श्री रुद्रकाशिकेय ने इसके समर्थन में एक विस्तृत जानकारी एक पत्र के माध्यम से आचार्य किशोरीदास वाजपेयी को दी थी। वह पत्र अध्याय 6, पृष्ठ 74 में उल्लिखित है।

वास्तविकता यही है कि अरबी-फारसी मूलक वे शब्द जो हिन्दी के अंग बन चुके हैं और जिनकी विदेशी ध्वनियों का हिन्दी ध्वनियों में रूपान्तरण हो चुका है, वे तो हिन्दी रूप में ही स्वीकार किये जायें, किन्तु जहाँ उनका शुद्ध विदेशी रूप में प्रयोग जरूरी हो, वहाँ उनके हिन्दी में प्रचलित रूपों में यथास्थान नुक्ते लगाये जायें, जिससे उनका विदेशीपन स्पष्ट रहे। जैसे- ख़ाना, राज़, नाज़, हाइफ़न आदि।

एक विशेष बात यह है कि अरबी-फारसी की मुख्यतः पाँच ध्वनियाँ (क़, ख़ ग़, ज़ और फ़) हिन्दी भाषा में आयी हैं, जिनमें से (क़ और ग़) तो हिन्दी ध्वनि के उच्चारण में बदल गयी है, 'ख़' हिन्दी 'ख' में लगभग बदलने की प्रक्रिया में है और शेष दो (ज़ और फ़) अपना अस्तित्व बनाये रखने के लिए प्रयत्नशील हैं।

यह ध्यान देने की बात है कि मध्यकाल में कबीर, सूर तुलसी, बिहारी आदि ने अरबी-फारसी के शब्दों को बिना अधोबिन्दु (बिन्दु) के

लिखा है, किन्तु आज की हिन्दी की वर्तनी ने उनका अनुकरण नहीं किया है। मध्यकाल में तुलसी ने 'अस्नान' शब्द का प्रयोग किया, किन्तु हम 'स्नान' शब्द का प्रयोग करते हैं। सूरदास ने 'इन्द्री' शब्द का प्रयोग किया, तो आज हम 'इन्द्रिय' शब्द का प्रयोग करते हैं। कबीरदास ने 'पाथर' और 'खुदाय शब्द का प्रयोग किया, तो हम 'पत्थर' और 'खुदा' शब्द का प्रयोग करते हैं। इस प्रकार तत्सम, तद्‌भव व विदेशी शब्दों के ग्रहण करने में मध्यकाल के शब्दों को हमने यथासम्भव शुद्ध करके ग्रहण किया, अतः उसी शुद्धि की प्रक्रिया में अधोबिन्दु का भी प्रयोग करना चाहिए।

हिन्दी भाषा में अधोबिन्दुयुक्त और अधोबिन्दुरहित शब्दों में बहुत अर्थ भेद है। जैसे- ताक (देख) - ताक़ (आला या दीवट), खुदा (खोदा हुआ - ख़ुदा (अल्लाह, भगवान्), खैर (कत्था) - ख़ैर (कुशल-मंगल), खाना (भोजन)-ख़ाना (आलमारी) खान (कोयला) ख़ान (अफगान का मुस्लिम), बाग (बागडोर)- बाग़ (उपवन), बेगम (वधू)- बेग़म (बिनाग़म का), गौर (गोरा)- ग़ौर (ध्यान), राज (राज्य)- राज़ (रहस्य), जरा (बुढ़ापा)- ज़रा (थोड़ा), गज (हाथी)- गज (एक नाम), जीना (जीवित रहना)- ज़ीना (सीढ़ी), सजा (सजाया हुआ)- सज़ा (दण्ड), फन (साँप का)- फ़न (हुनर, कला) आदि। इसलिए भी अरबी-फारसी के शब्दों में यथास्थान, यथाअर्थ के लिए अधोबिन्दु आवश्यक है।

उर्दू का बहुत-सा साहित्य नागरी लिपि में प्रकाशित हो रहा है। उसे शुद्ध रूप में रखने के लिए भी अधोबिन्दु का प्रयोग आवश्यक है। उर्दू की कोई भी कविता यदि क़, ख़, ग़, ज़, फ़ को क, ख, ग, ज, फ करके पढ़ी जाये, तो उसका सारा सौन्दर्य तो जाता ही रहेगा, अर्थ का अनर्थ हो जाएगा। सच पूछा जाये, तो उर्दू (अरबी-फारसी मिश्रित) की मिठास और उसका आकर्षण बहुत कुछ इन्हीं ध्वनियों पर निर्भर है।

जहाँ तक ज़, फ़ ध्वनियों का प्रश्न है, इनका प्रयोग तो अँग्रेजी में भी होता है। अतः अँग्रेजी भाषा में भी यथा-स्थान, यथा-उच्चारण व लेखन हमें करना ही चाहिए। ऐसा नहीं हो सकता कि हिन्दी में उच्चारण के लिए हम सेफ्टीरेजर बोलें और अँग्रेजी बोलने में सेफ़्टीरेज़र। यदि हमारे पास इन ध्वनियों को ठीक से लिखने का साधन भी है तथा परम्परा भी, तो क्यों न फ़, ज़ का प्रयोग किया जाये?

यह ठीक है कि प्रत्येक भाषा की नयी ध्वनियों के लिए हम नये चिह्न नहीं बना सकते, किन्तु अरबी फ़ारसी और अँग्रेजी 'हर' भाषा में नहीं

आतीं। इनसे हमारा निकटतम राष्ट्रीय, भाषिक और सांस्कृतिक सम्बन्ध है और इनसे हमने अब तक लगभग 10-15 हजार शब्दों को ग्रहण किया है। अत: अधोबिन्दु को स्वीकार करना ही चाहिए। अगले आठवें अध्याय में कुछ अरबी-फारसी शब्दों की एक सूची दी गयी है, जिसे देखा जा सकता है।

(ख) वृत्तमुखी 'ऑ' -

अँग्रेजी से आये कुछ शब्दों का उच्चारण करते समय ओठों को वृत्तमुखी या गोलाकार करके 'ऑ' बोलते हैं। इसके लिए लिखने में 'ऑ' का प्रयोग किया जाता है। जैसे- कॉफ़ी, हॉल, डॉक्टर, ऑफिस, कॉलिज। प्राय: पूरब व बिहार के लोग इन शब्दों में से कुछ शब्दों का प्रयोग कौलिज, औफिस, कौफी आदि के रूप में उच्चारण करते हैं तथा कुछ लोग इन्हें सामान्य 'आ'- जैसे- डाक्टर, आफिस, कालिज लिखते हैं।

जहाँ तक 'औ' के उच्चारण का प्रश्न है, वह गलत है, अशुद्ध है, उसका प्रयोग नहीं होना चाहिए। शब्दों में इस अन्तर के कारण अर्थभेद हो जाता है। जैसे- काफ़ी (ज्यादा) कॉफ़ी (पेय पदार्थ), काल (समय) - कॉल (टेलीफोन कॉल), बाल (बच्चा)- बॉल (फुटबाल/गेंद), हाल (समाचार)- हॉल (बड़ा कमरा)। अत: जब इन शब्दों में अर्थभेद के लिए 'ऑ' का प्रयोग युक्तिसंगत है, तो डॉक्टर, ऑफ़िस, ऑर्डर, टॉफ़ी, कॉपी, पॉलिसी आदि में ऑ का प्रयोग उचित है, क्योंकि इनमें 'ऑ' ध्वनि आती है।

(ग) अँग्रेजी शब्दों में नासिक्य व्यंजन और अनुस्वार

अँग्रेजी के शब्दों में, शब्द के बीच में संयुक्त व्यंजन के प्रथम सदस्य के रूप में नासिक्य ध्वनि के लेखन की आजकल कई पद्धतियाँ प्रचलित हैं।

(1) बहुत से लोग विभिन्न उल्टे-सीधे नियमों के अनुसार अनुस्वार का प्रयोग कर रहे हैं। जैसे- पेटेंट, पेंट, अंडरवियर, बैंड, लैंप, ऐंबेसडर, आदि।

(2) कुछ लोग संस्कृत परम्परा के अनुसार वर्ण के पंचम नासिक्य व्यंजन का प्रयोग कर रहे हैं। जैसे- पेटेण्ट, पेण्ट, पैण्ट, अण्डरवियर, बैण्ड, लैम्प, ऐम्बेसडर आदि। 'स', 'श', 'य', 'र', 'ल', व के पूर्व ये लोग संस्कृत परम्परा के अनुसार 'अनुस्वार' का ही प्रयोग करते हैं। जैसे, संशय, संसार, संयुक्त, संहार आदि।

(3) कुछ लोग जिन अँग्रेजी शब्दों में 'एन' का प्रयोग होता है, उसका अनुसरण करते हुए हिन्दी में 'न्' मात्रा का प्रयोग कर रहे हैं। जैसे- इन्जन, इन्च, पेटेन्ट, अन्डरवियर, बैन्ड, लेन्स आदि।

इस प्रकार मनमाने ढंग से प्रयोग करके हिन्दी भाषा को विकृत किया जा रहा है। वास्तव में क्रमसंख्या-2 का ही अनुकरण अरबी-फारसी-अंग्रेजी या अन्य भाषाओं से आगत शब्दों में करना उचित है। क्योंकि इन भाषाओं के शब्द हिन्दी भाषा में देवनागरी लिपि की वर्तनी में ही लिखे जाते हैं। हिन्दी में टण्डन या टंडन तथा अँग्रेजी शब्द का हिन्दी में टन्डन, हिन्दी में पेटेण्ट या पेटेंट और अँग्रेजी शब्द का हिन्दी में पेटेन्ट आदि, यह सब कैसी वर्तनी है। इससे पाठक, लेखक, विद्यार्थी एकदम भ्रमित हो जायेंगे कि कौन-सा शुद्ध है और कौन-सा अशुद्ध है?

अतः शब्द भले ही किसी भी भाषा के हों, यदि वे हिन्दी भाषा, देवनागरी लिपि में लिखे जाते हैं, तो हिन्दी के वर्ण के पंचम वर्ण के नासिक्य की मात्रा लगनी चाहिए, मात्र 'क' वर्ग और 'च' वर्ग को छोड़कर (वास्तव यह वैकल्पिक है) इससे भ्रम की स्थिति नहीं बनेगी, मात्राओ में एकरूपता रहेगी और किन्तु-परन्तु की स्थिति नहीं रहेगी।

इस सम्बन्ध में आचार्य किशोरीदास वाजपेयी का एक अटपटा लेख 'समालोचक' मासिक पत्र, जिसके सम्पादक डॉ० रामविलास शर्मा थे, में प्रकाशित हुआ था। इसमें तत्सम, तद्भव, और विदेशी- सभी प्रकार के शब्दों के प्रसंग में कहा था कि 'तत्सम शब्दों में तो 'सवर्गीय' पंचम नासिक्य व्यंजन अर्थात् गङ्गा, चञ्चल, पण्डित, अन्त, कम्पन तथा य, र, ल, व, श, स, ह के पूर्व अनुस्वार का प्रयोग होना चाहिए। जैसे- संयम, संरचना, संलाप, संवाद संसार, संशय, संहार आदि का प्रयोग होना चाहिए किन्तु तद्भव और विदेशी शब्दों में सर्वत्र अनुस्वार का।'

इस विषय में विचारणीय यह है कि सामान्य पढ़ा-लिखा व्यक्ति ही नहीं, अच्छा पढ़ा-लिखा व्यक्ति भी हमेशा यह निर्णय नहीं कर सकता कि कौन-सा शब्द तत्सम है, और कौन-सा शब्द तद्भव है। इस प्रकार का नियम सबके लिए परेशानी उत्पन्न करेगा। अतः सभी प्रकार के शब्दों के लिए संख्या-2 का नियम ही सर्वमान्य होना चाहिए। लेखन, मुद्रण तथा कम्पोजिंग के लिए भी सुविधा की दृष्टि से यह अच्छा रहेगा। अध्याय नौ में कुछ अँग्रेजी शब्दों की सूची दी गयी है, जो शब्द हिन्दी भाषा में गृहीत कर लिये गये हैं। वैसे भी एक वर्ग की मात्रा दूसरे वर्ग में लगाना अशुद्ध है, यह व्याकरण का नियम है।

(9) हल चिह्न

हिन्दी लेखन में हल् चिह्न का प्रयोग दो स्थितियों में होता है-

(क) शब्दों के मध्य में। जैसे- धनाढ्य, वाङ्मय, पराङ्मुख, सुपाठ्य, अकाट्य, आह्लाद, विह्वल आदि।

(ख) शब्दों के अन्त में। शब्द के अन्त में हल् चिह्न का प्रयोग अपवादों की बात छोड़ दें, तो हिन्दी में यह केवल ऐसे तत्सम शब्दों में होता है, जिनमें संस्कृत लेखन में भी इसका प्रयोग होता रहा है।

जहाँ तक मध्य में हलन्त चिह्न के प्रयोग का प्रश्न है, तो वह नागरी लिपि की आवश्यकतावश होता है। यह प्रयोग केवल ऐसे अक्षरों जैसे- ट, ठ, ड, ढ, ङ के साथ होता है, जिनका अन्य अक्षरों (जैसे- 'म' का 'म्', 'न' का 'न्', या 'ख' का 'ख्') की तरह आधा रूप सरलतापूर्वक नहीं बनाया जा सकता। किन्तु जहाँ तक शब्दों के अन्त में उसके प्रयोग का प्रश्न है, वह किसी आवश्यकतावश नहीं होता, संस्कृत के अनुकरण पर मात्र परम्परा के निर्वाह के लिए होता है।

शब्द के मध्य में हल् चिह्न के उपर्युक्त प्रकार के प्रयोग के सम्बन्ध में कोई विवाद नहीं है। सभी लोग इस बात से सहमत हैं कि इसका प्रयोग हिन्दी की वर्तनी में होना चाहिए। किन्तु जहाँ तक शब्दों के अन्त में संस्कृत के अनुकरण पर हल् चिह्न के प्रयोग का प्रश्न है, इस सम्बन्ध में तीन प्रकार के विचार हैं-

(1) संस्कृत परम्परा के लोगों का कहना है कि उन सभी शब्दों के अन्त में हल् चिह्न का प्रयोग होना चाहिए, जिनके लेखन में संस्कृत में प्रयोग होता रहा है। जैसे- महान्, साक्षात्, अकस्मात्, भगवान्, श्रीमन्, श्रीमान्, वाक्, जगत्, विद्वान्, भवत्, ईषत्, कदाचित्, किंचित्, चित्, आत्मसात्, विधि वत्, मातृवत्, पितृवत् आदि।

(2) बहुत से लोग उपर्युक्त के अतिरित विदेशी शब्दों में भी इसका प्रयोग करते हैं। जैसे- एम्० ए०, डी० लिट्, डी० फिल्, सन् आदि। यह प्रयोग मुख्यतः हिन्दी के पूर्वी क्षेत्र में किया जाता है।

(3) कुछ लोगों का मानना है कि सभी शब्दों के साथ इस हल् चिह्न के प्रयोग की आवश्यकता नहीं है। हाँ, जिन शब्दों के साथ इस चिह्न का प्रयोग प्रायः किया जाता रहा है, उनके साथ ही इनका प्रयोग होना चाहिए। जैसे- श्रीमान्, महान्, साक्षात्, जगत् आदि।

कुछ लोगों का कहना है कि 'कुछ शब्दों के साथ बड़ी अजीब स्थिति है। अकेले लिखने में तो हल् चिह्न को लिखते हैं तथा जब उन शब्दों से अन्य शब्दों की रचना करते हैं, तो उस हल चिह्न को हटा देते हैं। जैसे- 'महान्' शब्द में 'न्' है, किन्तु 'महानता' व 'महानतम' में 'न' है। ऐसे ही 'पृथक्' शब्द है, किन्तु उसे अन्य शब्द के साथ मिलाकर 'पृथकतावादी' लिखते हैं। अच्छा हो कि सर्वत्र 'न' और 'क' ही लिखें।'

इस सम्बन्ध में यह कहना है कि महान्' शब्द से 'महान्ता' और 'पृथक' शब्द से 'पृथक्ता' बनेगा, किन्तु प्रयोग में 'महानता' और 'पृथकता' चलते हैं। इस प्रकार बहुप्रचलित हो जाने पर भाषा की बहुत सारी अशुद्धियों को भी शुद्ध मान लेना पड़ता है। इस सम्बन्ध में यह ध्यान देने की बात है कि व्याकरण तथा भाषा-विज्ञान आदि में हल् चिह्न का प्रयोग छोड़ा नहीं जा सकता, क्योंकि हल-हल्, सम-सम्, अन्तर-अन्तर् एक समान नहीं है। अतः शब्द रचना में इस अन्तर का ध्यान रखना आवश्यक है।

(10) स्वन-परिवर्तन

संस्कृतमूलक तत्सम शब्दों की वर्तनी को ज्यों-का-त्यों ग्रहण किया जाना चाहिए। जैसे- 'ब्रह्मा' को 'ब्रम्हा', 'चिह्न' को 'चिन्ह', 'उऋण' को उरिण' में बदलना त्रुटिपूर्ण है।

'ब्रह्मा' - ब+र्+ह्+मा, 'चिह्न' - चि+ह्+न तथा 'उऋण' - उ+ऋ+ण होता है।

इसी प्रकार ग्रहीत दृष्टव्य, प्रदर्शिनी, अत्याधिक, अनाधिकार आदि शब्द अशुद्ध हैं। इनके स्थान पर गृहीत, द्रष्टव्य, प्रदर्शनी, अत्यधिक, अनधिकार ही लिखना चाहिए।

(11) विसर्ग

विसर्ग का प्रयोग हिन्दी लेखन में शब्द के बीच तथा अन्त में होता है। संस्कृत परम्परा वालों का कहना है कि संस्कृत शब्दों के बीच में जहाँ विसर्ग (:) का चिह्न है, उन्हें हिन्दी में लिखते समय भी इनका प्रयोग होना चाहिए। जैसे- अन्तःकरण, अन्तःपुर, सत्यतः, अन्ततः, वस्तुतः, अपवादतः, इतस्ततः अतः, क्रमशः, बहुशः अनेकशः, कोटिशः, शतशः, पुनः, प्राय, शनैः-शनैः आदि।

कुछ विद्वानों का कहना है कि दु:ख' शब्द में विसर्ग देने का कोई औचित्य नहीं है, क्योंकि दु:ख से बनने वाले दुखिया, दुखियारी, दुखी शब्द में कोई भी विसर्ग का प्रयोग नहीं करता।

वस्तुत: यह कथन ही असंगत है। कोई विसर्ग का प्रयोग नहीं करता इसलिए हमें भी इसका प्रयोग नहीं करना चाहिए, इसका कोई औचित्य नहीं है। इसी प्रकार 'छ:' और 'छह' शब्द के बारे में है। वास्तव में 'छ:' संस्कृत के 'षष्ठ' का तद्भव रूप है। अत: उसे 'छह' रूप में भी लिखा जा सकता है, किन्तु 'दु:ख' तत्सम शब्द है, इसलिए उसमें विसर्ग लगाना ही उचित है। कुछ लोग 'प्रयत्न-लाघव' या 'उच्चारण लाघव' की दृष्टि से यदि 'दुख', दुखिया, दुखियारी, दुखी आदि का प्रयोग करें, तो उसे क्या कहा जा सकता है? निष्कर्षत: 'तत्सम' शब्दों में तो विसर्ग का प्रयोग होना ही चाहिए।

(12) **'ऐ', 'औ का प्रयोग-**

हिन्दी में 'ऐ' (ै), 'औ' (ौ) का प्रयोग दो प्रकार की ध्वनियों को व्यक्त करने के लिए होता है। पहले प्रकार की ध्वनियाँ 'है', 'औ' आदि में हैं तथा दूसरे प्रकार की ध्वनियाँ 'गवैया', 'कौवा' आदि में हैं। इन दोनों प्रकार की ध्वनियों को व्यक्त करने के लिए इन्हीं चिह्नों (ै), (ौ) का प्रयोग किया जाना चाहिए। 'गवय्या', 'कव्वा' आदि लिखने की आवश्यकता नहीं है।

(13) **द्वित्व व्यंजन**

दो समान व्यंजनों का साथ-साथ प्रयोग होना ही 'द्वित्व' कहलाता है। इनके प्रयोग के सम्बन्ध में हिन्दी में विवाद है। हिन्दी में सामान्य द्वित्वों (जैसे- सत्तर, इक्का, गप्प) की बात छोड़ दें, तो द्वित्व तीन-चार प्रकार के होते हैं।

(क) एक द्वित्व तो वह है, जो मात्र उच्चारण के स्तर पर मिलता है। जैसे- अन्याय, वाक्यांश, उपन्यास, द्वित्व। इन्हें क्रमश: अन्न्याय, वाक्क्यांश, उपन्न्यास और द्वित्त्व बोला जाता है।

निश्चय ही ये 'द्वित्व' उच्चारण के स्तर पर हैं, रचना (लिखने) के स्तर पर नहीं। इसलिए इन्हें लिखने की वर्तनी में लाने की जरूरत नहीं है।

(ख) दूसरा द्वित्व वह है, जो 'र' युक्त व्यंजनों में, संस्कृत में विकल्प से लिखा जाता है। जैसे-वर्तमान या वर्त्तमान, कर्म या कर्म्म, आर्य या आर्य्य। वस्तुत: प्राचीनकाल में कुछ लोग इनका उच्चारण

'द्वित्व' करते थे। अतः विकल्प से यह वर्तनी भी चल पड़ी। अतः संस्कृत भाषा में ही जिस शब्द को लेकर विकल्प की स्थिति थी, उसे हिन्दी में लाने की जरूरत नहीं। वैसे भी हिन्दी में उच्चारण के स्तर पर प्रायः 'द्वित्व' वर्ण नहीं प्रयुक्त होते।

(ग) तीसरे प्रकार के 'द्वित्व' वे हैं, जिनका सम्बन्ध शब्द-रचना से है। जैसे- तत्+त्व = तत्त्व, मह्+त्व = महत्त्व, उत्+ज्वल = उज्ज्वल, उत्+लंघन = उल्लंघन, पश्चात्+ताप = पश्चात्ताप। अतः इस प्रकार के द्वित्वों का प्रयोग अवश्य करना चाहिए अन्यथा अर्थ का अनर्थ होने की आशंका है।

(घ) एक चौथे प्रकार का 'द्वित्व' गय्या, नय्या, गवय्या, हव्वा, कव्वा आदि रूपों के लेखन में मिलता है। वास्तव में ऐसी वर्तनी ठीक नहीं है। ये तद्भव शब्द हैं। इन्हें क्रमशः गैया, नैया, गवैया, हौवा, कौवा रूप में ही लिखना चाहिए। हाँ, तत्सम रूप वाले शब्द-जैसे-शय्या, अयप्पा आदि इसी रूप में लिखे जाने चाहिए।

(14) द्विरुक्ति के लिए (2) का प्रयोग

द्विरुक्ति के लिए (2) के प्रयोग की पद्धति मध्यकाल में चली थी। उसी का अनुसरण करते हुए आज भी कुछ लोग इसका प्रयोग करते हैं। जैसे- अच्छे-2, बड़े-2, कोना-2, नगर-2, जगह-2 आदि। ऐसे प्रयोग वर्तमान में मानक नहीं माने जाते। उपर्युक्त शब्दों को इस प्रकार लिखना चाहिए- अच्छे-अच्छे, बड़े-बड़े, कोना-कोना, नगर-नगर, जगह-जगह आदि।

(15) 'द्ध' तथा 'ध' में विकल्प

संस्कृत भाषा में भी उपर्युक्त में विकल्प हैं। हिन्दी भाषा में भी कुछ लोग (द्ध) का तथा कुछ लोग 'ध' का प्रयोग लिखने में करते हैं। जैसे- संवर्द्धित- संवर्धित, विवर्द्धित विवर्धित, युद्धिष्ठिर- युधिष्ठिर आदि।

कुछ लोगों का कहना है कि 'उपर्युक्त दोनों में 'द्ध' को छोड़कर 'ध' वाले रूपों को ही हिन्दी में प्रयोग करना चाहिए, क्योंकि 'ध' भी शुद्ध है और संस्कृत भाषा में भी इनमें विकल्प है। लेखन-टंकण-मुद्रण की दृष्टि से भी 'ध' का ही प्रयोग होता है 'द्ध' का नहीं।'

इस सम्बन्ध में यह कहना है कि 'कम्प्यूटर' के इस युग में लेखन-टंकण और मुद्रण की कोई समस्या नहीं है। 'द्ध' का संयुक्ताक्षर सभी फाण्टों के साफ्टवेयरों में उपलब्ध है। अतः न टाइप टूटने की समस्या है

न लिखने की और न ही मुद्रण की। जहाँ तक 'द्ध और 'ध' के विकल्प की बात है, वह तो विकल्प रूप में चल ही रहा है, क्योंकि दोनों शुद्ध हैं प्रयोग करते-करते, जिसकी अधिकता-प्रचुर रूप में होगी वह रूप कालान्तर में प्रचलित हो जायेगा और वही सर्वमान्य हो जायेगा। अब 'युद्धिष्ठिर' शब्द को ही लें। इस शब्द का अर्थ है, 'जो युद्ध में स्थिर हो।' किन्तु 'युधिष्ठिर' शब्द का क्या अर्थ होगा।

इसी प्रकार- प्रसिद्ध, और प्रसिध सन्नद्ध और सन्नध, प्रतिबद्ध और प्रतिबध, सम्बद्ध और सम्बध, युद्ध और युध, वर्द्धमान और वर्धमान, आदि में किस रूप को मान्य करेंगे? अतः मेरी सम्मति में 'द्ध' वाला रूप ही उचित और मानक होना चाहिए।

(16) मध्य 'अ' लोपी शब्द

बहुत से शब्दों के मध्य का 'अ' लुप्त हो गया है, अतः उच्चारण के अनुरूप इनको अ-विहीन भी लिखा जाने लगा है। इस तरह उनकी दो वर्तनियाँ चल रही हैं। जैसे- **गरम**- गर्म, **गरमी**- गर्मी, अँगरेज- **अँग्रेज**, **हलका**- हल्का, **उलटा**- उल्टा, **गरदन**- गर्दन, **शरबत**- शर्बत, **बरतन**- बर्तन, **बिलकुल**- बिल्कुल, **इनसान**- इंसान, **जुरमाना**- जुर्माना, **मुसलमान**- मुसल्मान, **सरदार**- सर्दार आदि।

एक ही व्यक्ति एक पंक्ति में एक वर्तनी लिखता है, तो दूसरी पंक्ति में दूसरी वर्तनी। यह प्रवृत्ति ठीक नहीं है। उक्त दोनों वर्तनियों में कौन-सा ठीक है, और कौन-सा नहीं, इसका निश्चय करना टेढ़ी खीर है। हिन्दी भाषा में वाक्यों में काले अक्षरों में किये गये अक्षरों को ही लिखना ठीक है, किन्तु जहाँ अरबी- फारसी बहुल वाक्य देवनागरी में लिखे जायें, वहाँ दूसरी वर्तनी ही लिखना ठीक रहेगा।

(17) 'त्क' और 'क्त' संयुक्ताक्षर का प्रयोग

प्रायः हिन्दी में 'क्+त' का संयुक्तार-'त्क' रूप में लिखा मिलता है। यह रूप जब लेटरप्रेस के टाइपों से अक्षर कम्पोज किये जाते थे, तब भी था और जब कम्प्यूटर युग आ गया है, तब भी इसका खूब प्रयोग हो रहा है और 'क्त' वाले संयुक्ताक्षर का प्रयोग कम।

वास्तविकता यह है कि संयुक्ताक्षर 'क्त' ही शुद्ध है, 'त्क' नहीं। इसे देखने से यह ज्ञात नहीं होता कि यह 'त्+त+फ्' है या 'त्+त+क्' है। जबकि

शुद्ध संयुक्ताक्षर 'क्+त' है। किन्तु 'क्त' का रूप खूब प्रयोग हो रहा है। इसका त्याग आवश्यक है। क्योंकि इसका उच्चारण ही असम्मत है, संयुक्ताक्षर तो अशुद्ध है ही। अतः 'क्‍त' रूप का ही प्रयोग करना चाहिए।

(18) **उपर्युक्त और उपरोक्त**

बहुत से विद्वान् जिनमें आचार्य महावीर प्रसाद द्विवेदी से लेकर हजारी प्रसाद द्विवेदी आदि जैसे संस्कृतज्ञ भी शामिल हैं, उपर्युक्त और उपरोक्त दोनों शब्दों को ठीक मानते हैं। परन्तु **ऊपर+उक्त** की सन्धि **ऊपरोक्त** होती है, उपरोक्त नहीं, जबकि उपर्युक्त में सन्धि–**उपरि+उक्त** होती है, जो ठीक है, **उपरोक्त** गलत है।

(19) **अन्य नियम**

(क) शब्दों के ऊपर शिरोरेखा का प्रयोग प्रचलित रहना चाहिए। बहुत से लोग अक्षरों व शब्दों के ऊपर शिरोरेखा नहीं लगाते। इससे वाक्य को पढ़ने व उसे समझने में असुविधा होती है। अतः शिरोरेखा का प्रयोग आवश्यक है। जैसे– 'राम घर जाता है।'

(ख) अँग्रेजी के फुलस्टॉप (पूर्ण विराम) को छोड़कर शेष विराम चिह्न आदि वही स्वीकार करने (लिखने या प्रयोग करने चाहिए, जो अँग्रेजी भाषा में प्रचलित हैं। हिन्दी भाषा में विराम चिह्न का प्रयोग निम्नलिखित प्रकार होता है–

(1) विराम चिह्न (।) पूर्णविराम (फुलस्टॉप), अँग्रेजी (.)
(2) अर्द्ध विराम (;)
(3) अल्प विराम (,)
(4) योजक चिह्न (-)
(5) प्रश्नवाचक चिह्न (?)
(6) विस्मय सूचक या सम्बोधन चिह्न (!)
(7) विवरण चिह्न (:-)
(8) उद्धरण चिह्न (' ')
(9) कोष्ठक चिह्न (),, { }, [ ]
(10) संक्षेप सूचक चिह्न (..)
(11) निर्देश चिह्न (–)

हिन्दी भाषा में यथास्थान उपर्युक्त चिह्नों का ही प्रयोग किया जाना चाहिए।

●●●

अध्याय-आठ

हिन्दी भाषा में आये कुछ अरबी-फ़ारसी शब्दों की मानक वर्तनी

हिन्दी भाषा में अरबी-फारसी से अनेक शब्द आये हैं, वे समाज में प्रयुक्त होकर हिन्दी में घुल-मिल गये हैं। ऐसे ही कुछ शब्दों की सूची नीचे दी जा रही है।

अन्दाज़
अन्दाज़ा
अक्लमन्द
अख़बार
अजब
अज़ीज़
अफ़वाह
अफ़सोस
अर्क़
अर्ज़ी
अर्सा
अव्वल
अशर्फ़ी
आईना
आक़ा
आख़िर
आग़ा
आग़ाह
आज़माइश
आज़ादी
आफ़त
आमदोरफ़्त
आरज़ू
आवाज़
आशिक़
इन्तक़ाम
इन्तक़ाल
इन्तख़ाब
इन्तज़ाम
इन्तज़ार
इन्दराज़
इंसान
इंसानियत
इंसाफ़
इक़रार
इख़्तियार
इजाज़त
इज़ाफ़ा
इज्ज़त
इत्तफ़ाक़
इत्तला
इत्मीनान
इनकार
इनक़लाब
इब्तिदा
इम्तिहान
इराक़
इल्ज़ाम
इश्क़
इश्तिहार
इस्तीफ़ा
ईजाद
ईसवी
ईसाई
उफ़
उम्दा
एतराज

एहतियात
एहसान
एहसास
ऐय्याश
ऐश
ओहदा
औक़ात
क़फ
कफ़न
कमज़ोर
करामात
करिश्मा
कलग़ी
कलमा
कशीदा
काग़ज
काफ़िर
काफ़ी
काफ़ूर
कारख़ाना
कुफ़्र
कुर्सी
कुल्फी
कुहराम
कैफ़ियत
कोफ़्त
कोफ़्ता
क़दील
क़तई
क़तार
क़त्ल
क़द
क़दम

क़द्र
क़बीला
क़ब्ज
क़ब्जा
क़बूल
क़ब्र
क़मीज़
कमज़ोर
क़मबख्त
क़यामत
क़रीना
क़रीब
क़र्ज
क़लई
क़लम
क़वायद
क़व्वाली
क़सम
क़साई
क़सूर
क़स्बा
क़हक़हा
क़हर
क़हवा
क़ाजी
क़ातिल
क़ानून
क़ाफ़िला
क़ाबिल
क़ाबू
क़ायदा
क़ायम
क़ायल

क़ालीन
क़िला
क़िल्लत
क़िस्त
क़िस्मत
क़िस्म
क़िस्सा
क़ीमत
क़ीमा
क़ुदरत
क़ुफ़्ल
क़ुरान
क़ुर्क़ी
क़ुर्बानी
क़ुली
क़ुव्वत
क़ुसूर
क़ै
क़ैंची
क़ैद
क़ौम
क़ौल
ख़जाना
ख़त
ख़तरा
ख़ता
ख़त्म
ख़फा
ख़बर
ख़मीर
ख़याल
ख़रगोश
ख़रबूज़

ख़राद	ख़ुर्द	गुफ़्तगू
ख़रीदना	ख़ुदी	गुम
ख़रीदना	ख़ुलासा	गुलकन्द
ख़रीदारी	ख़ुशबू	गुलज़ार
ख़रीफ़	ख़ुशामद	गुलाब
ख़र्चीला	ख़ुशी	गुस्ताख़ी
ख़लल	ख़ुश्क	गोलंदाज़
खलास	ख़ूसूसीयत	गज़नवी
ख़लीफ़ा	ख़ूँख्वार	ग़ज़वी
ख़स	ख़ूनी	ग़ज़ब
ख़रता	ख़ूब	गज़ल
ख़ाक	ख़ूबसूरती	ग़दर
ख़ाका	ख़ूबानी	ग़नीमत
ख़ातिर	ख़ूबी	ग़द्दार
ख़ात्मा	ख़ेमा	ग़द्दार
ख़ानगी	ख़ेमा	ग़पबाज़
ख़ानदान	ख़ैर	ग़फ़लत
ख़ाना	ख़ैरात	ग़फ़लत
ख़ानातलाशी	ख़ैरियत	ग़बन
ख़ामी	ख़ैरियत	ग़म
ख़ामोशी	ख़ौफ़नाक	ग़रज
ख़ारिज	ख़्वाब	ग़रीब
ख़ाला	ख़्वामख़्वाह	ग़लतफ़हमी
ख़ालिस	गन्दगी	ग़लीचा
ख़ास	गज़	ग़ल्ला
ख़ासियत	गज़क	ग़श
ख़िताब	गर्म	ग़ाफ़िल
ख़िदमत	गिरफ़्तार	ग़ायब
ख़िलाफ़	गुज़रना	ग़िज़ा
ख़ुदगरज़ी	गुज़ारा	गिरफ़्त
ख़ुफ़िया	गुज़ारिश	ग़िलाफ़
ख़ुमारी	गुनहगार	गुब्बारा
ख़ुदा	गुनाह	ग़ुरूर

गु़लाम
गु़स्लख़ाना
ग़ैबी
ग़ैर
गो़ताख़ोर
ग़ौर
चख़चख़
चाक़ू
चर्ख़ा
चिराग़
चिलम
चीज़
चुक़न्दर
चूज़ा
चोग़ा
चुनांचे
जंग
जज़्ब
जज़्बा
जनाज़ा
जल्लाद
जहन्नुम
जहाज़
जहालत
जाहिल
जुर्रत
जुर्म
जुलूस
जोश
जौहरी
ज़ंग
ज़ंजीर
ज़ख़्म

ज़च्चाख़ाना
ज़नाना
ज़बरदस्त
ज़बानी
ज़ब्त
ज़मानत
ज़माना
ज़मीन्दार
ज़मीन
ज़र
ज़रा
ज़री
ज़रूर
ज़र्दा
ज़र्रा
ज़लील
ज़हर
ज़ाफ़रान
ज़ामिन
ज़ायक़ा
ज़ाहिर
ज़िद
ज़िन्दगी
ज़िन्दाबाद
ज़िम्मेदारी
ज़िला
ज़ीन
ज़ुकाम
ज़ुल्म
ज़ेवर
ज़ोर
ज़्यादा
तन्दुरुस्ती

तम्बाकू
तकलीफ़
तकल्लुफ़
तकरार
तक़दीर
तक़रीबन
तक़ाबी
तक़ाज़ा
तनख़्वाह
तपेदिक
तफ़रीह
तफ़शील
तख़्ता
तबक़ा
तमग़ा
तमीज़
तरक़्क़ी
तरफ़
तरबूज़
तराज़ू
तरीक़ा
तर्ज़
तलाक़
तशरीफ़
तहक़ीक़ात
तहख़ाना
तहज़ीब
ताक़त
ताक़ीद
ताज़्जुब
ताज़गी
ताज़ा
ताज़िया

तारीख़	दस्तावेज़	नफ़ा
तारीफ़	दहेज़	नफ़ीस
तालुका	दाख़िला	नब्ज़
तालुक़ेदार	दाग़	नमाज़
ताल्लुक़	दायरा	नवाब
ताबीज़	दरोग़ा	नस्ल
तिज़ारत	दिक	नाखून
तूफ़ान	दिक़्क़त	नागवार
तेग़	दिमाग़	नाग़ा
तेज़ाब	दीग़र	नाज़
तेज़ी	दुकान	नाज़ुक
तोहफ़ा	दुतरफ़ा	नाबालिग़
तौबा	दोज़ख़	नाराज़
दक़ियानूस	दौलतख़ाना	नालायक़
दख़ल	नक़द	नावाफ़िक
दख़लअन्दाज़ी	नक़ल	नासाज़
दग़ा	नक़ाब	नाहक़
दफ़न	नक्काल	नुक़्ता
दफ़ा	नक़्शा	नुक़सान
दफ़्तर	नक़्काशी	नुक़्स
दरख़्त	नख़रा	नुस्ख़ा
दरख़्वास्त	नगीना	परिन्दा
दरगाह	नग़मा	परहेज
दरज़ा	नज़दीक	पाक
दरवाज़ा	नज़राना	पाकीज़ा
दरवेश	नज़रिया	पाख़ाना
दराज़	नज़ला	पाजामा
दरियाफ़्त	नज़ात	पुख़्ता
दर्ज़	नज़ाकत	पुर्ज़ा
दर्ज़ी	नज़्म	पैगम्बर
दर्दनाक	नज़ारा	पैग़ाम
दस्तख़त	नतीज़ा	प्याज़
दस्तरख़ान	नफ़रत	फ़क़

फ़क़त
फ़कीर
फ़ख्र
फ़ज़ूल
फ़तवा
फ़तह
फ़न
फ़ना
फ़रमाना
फ़राग़त
फ़रार
फ़रियाद
फ़रिश्ता
फ़रेब
फ़र्क़
फ़र्ज़
फ़र्ज़ी
फ़र्माइश
फ़र्मावदार
फ़रार
फ़रियाद
फ़र्मान
फ़र्श
फलसफ़ा
फलाँ
फ़व्वारा
फ़सल
फ़साद
फ़साना
फ़ाका
फ़ाख्ता
फ़ायदेमन्द
फ़ारिग़

फ़ज़िल
फ़ायदा
फ़ासला
फ़िक्र
फ़िज़ा
फितरत
फ़िदा
फ़िरका
फ़िराक
फ़िलहाल
फ़ीता
फ़ुर्सत
फ़ेहरिस्त
फ़ैसला
फ़ौजदारी
फ़ौरन
फ़ौलाद
बन्दूक़
बक़ाया
बख़ूबी
बख़्शिश
बख़्शी
बग़ल
बग़ावत
बज़ाज
बग़ैर
बतख़
बरकत
बरक़रार
बरख़ास्त
बरख़ुर्दार
बर्फ़
बर्फ़ी

बलग़म
बहानेबाज़
बाक़ी
बाग़वानी
बाग़ी
बाज़ार
बाज़ी
बाज़ीगर
बाज़ू
बालिग़
बियाबान
बुख़ार
बुर्क़ा
बे-अक़्ल
बेख़बर
बेग़म
बेगम
बेतकल्लुफ़
बेवक़ूफ़ी
बेवफ़ाई
बेसब्री
बेहूदा
मंज़र
मंज़िल
मंज़ूर
मंज़ूरी
मक़बरा
मक़सद
मख़मल
मगज़
मग़रूर
मज़दूरी
मजमा

मज़बूत
मज़बूरी
मज़मून
मज़हब
मज़लिस
मज़ा
मज़ाक
मज़ाल
मज़ार
मज़ेदार
मरकज़ी
मरीज़
मर्ज़
मर्ज़ी
मशक्क़त
मशगूल
मसख़रा
मस्जिद
महफ़िल
माकूल
माफ़ी
माफ़िक़
मायूस
मार्फ़त
मालगुज़ारी
माशूक़ा
मिक़दार
मिज़ाज
मियाद
मुंसिफ़
मुआवज़ा
मुक़दमेबाज़
मुक़द्दर

मुक़ाबला
मुक़ाम
मुख़ातिब
मुख़ालिफ़
मुख़्तलिफ़
मुख़्तार
मुताबिक़
मुनक्का
मुनाफ़ा
मुफ़ीद
मुफ़्त
मुबारक
मुर्ग़ा
मुलज़िम
मुलाक़ात
मुलाज़िम
मुलाहजा
मुवक्किल
मुशायरा
मुसाफ़िर
मुस्तक़िल
मुहताज
मुहल्ला
मेज़
मेहरबान
मैख़ाना
मोज़ा
मोमज़ामा
मौका
मौज़
मौज़ू
मौस
यकसाँ

यक़ीन
यानी
रक़म
रंजीदा
रज़ामन्द
फ़ागूर
रफ़्त
रफ़्तार
राज़ी
रिवाज़
रुतबा
रेज़गारी
रोग़न
रोज़
रोज़गार
रोज़ा
रोज़ाना
रोशनाई
रौनक़
लज़्जत
लफ़्ज़
लफ़ंगा
लहज़ा
लाज़िमी
लायक़
लिफ़ाफ़ा
लियाक़त
लिहाज़
लिहाफ़
लुत्फ़
लेज़म
वकील
वक़्त

वग़ैरा
वज़न
वजीफ़ा
वज़ीर
वज़ू
वफ़ा
वर्ज़िश
वाक़या
वाकिफ़
वाजिब
शक
शकरक़न्द
शतरंज
शनाख़्त
शफ़ाख़ाना
शराफ़त
शरीफ़
शर्त
शर्बत
शर्म
शाख़
शानोशौक़त
शाहज़ादा
शुक्रगुज़ार
शुतुरमुर्ग़
शुबहा
शेख़
शोरोगुल
शौक़

सन्दूक़
सख़्त
सज़ा
सदक़ा
सफ़र
सफ़ाई
सफ़ेद
सबक़
सब्ज़ी
सरताज
सर्राफ़ा
सलीक़ा
साक़ी
साज़िश
साफ़
साबित
सिफारिश
सिर्फ़
सींख़चा
सुकून
सुराख़
सुर्ख़
सुलूक
सूफ़ी
सैयद
सोख़्ता
सौदागर
हंगामा
हकीम

हक़
हक़ीक़त
हजामत
हज़रत
हज़ार
हज़्म
हफ़्ता
हरकत
हरगिज़
हरामज़ादा
हर्ज
हर्जाना
हर्फ़
हल्फ़नामा
हाकिम
हाज़ी
हाज़मा
हाज़िरी
हिकमत
हुकूमत
हुक़्क़ा
हुज्जत
हुजूर
हैज़ा
हैरतअंगेज़
होशियार
हौसला

●●●

अध्याय - नौ

हिन्दी भाषा में आये कुछ अँग्रेजी शब्दों की मानक वर्तनी

हिन्दी भाषा में 15हवीं शताब्दी से ही बहुत से अंग्रेजी, फ्रेंच, तुर्की पुतगाली आदि भाषाओं के शब्द तत्सम्बन्धित स्थानों, क्षेत्रों व सरकारी कामकाज के माध्यम से आये और उन्हें हिन्दी-भाषी क्षेत्रों व बोलने वालों ने कामकाज की सुविधानुसार स्वीकार किया। वे शब्द आज हिन्दी भाषा में बहुप्रचलित व बोधगम्य हो गये हैं। नीचे ऐसे ही कुछ शब्दों की सूची पाठकों की सुविधा के लिए दी जा रही है।

हिन्दी में आये हुए कुछ अँग्रेजी शब्दों की मानक वर्तनी निम्नलिखित प्रकार है। इन शब्दों को इस प्रकार लिखना चाहिए-

अण्डर
अण्डरग्राउण्ड
अण्डरवियर
अकाउण्ट
अकाउण्टेण्ट
अक्टूबर
अगस्त
अनाउंस
अनाउंसर
अपर
अपील
अप्रैल
अफ्रीका

अमेरिका
अलमारी
अलाउंस
अलार्म
असेसमेण्ट
असेसर
आइरन
आइलेट
आइस
आइसक्रीम
आमलेट
आर्ट
आर्मी

इंक
इंग्लिश
इंग्लैण्ड
इंजीनियर
इंजक्शन
इण्टर
इण्टरनेशनल
इण्टरमीडिएट
इण्टरव्यू
इण्टरिम रिलीफ़
इण्ट्रेंस
इण्डियन
इण्डिया

इण्डेक्स
इम्पीरियल
इम्पीरियलिज्म
इम्पीरियलिस्ट
इटली
इटेलिक
इनकम
इनवाइट
इनविटेशन
इंफ्लुएंजा
इंश्योर
इंश्योरेंस
इंस्पेक्टर
इलेक्ट्रिक
इलेक्ट्रिसिटी
इलेक्ट्रिशियन
ईयररिंग
ईज़
ईज़ी चेयर
इंजन
एअर
एअरकण्डीशन
एअरक्राफ़्ट
एअरमैन
एअररेड
एअरोड्रोम
एअरोप्लेन
एक्सप्रेस
एक्सरे
एक्साइज़
एक्ज़ामिनर
एग्ज़ामिनेशन
एग्ज़िविशन

एग्रीकल्चर
एजुकेशन
एजेण्ट
एजेंसी
एटर्नी
एड
एडवोकेट
एडहॉक
एडिटर
एडिटोरियल
एडिशन
एडिशनल
एनामेल
एप्लीकेशन
एप्रूवर
एफ़िडेविट
एम०ए०
एम०एड०
एम०एल०ए०
एम०पी०
एम०बी०बी०एस०
एम्बेसेडर
एरीना
एलकोहल
एल०टी०
एलीमेण्टरी
एलोपैथी
एल्डरमैन
एल्यूमिनियम
एस०पी०
ऐक्ट
ऐक्टर
ऐक्ट्रेस

ऐज़न
ऐडमिनिस्ट्रेटर
ऐडमिरल
ऐडवर्टिजमेण्ट
ऐडवांस
ऐडवोकेट
ओवर
ओवरकोट
ओवरड्राफ्ट
ओवरसियर
ओसन
ऑयर
ऑपरेशन
ऑपेरा
ऑफ़िस
ऑफ़िसर
ऑयल
ऑयलक्लाथ
ऑयलपेण्ट
कण्ट्रेक्ट
कण्ट्रेक्टर
कण्ट्रोल
कण्ट्रोलर
कम्पनी
कम्पाउण्ड
कम्पोज़िंग
कम्पोज़िटर
कट
कटर
कटिंग
कंजरवेटिव
कंसल्ट
कप

कफ़
कमाण्ड
कमाण्डर
कमिश्नर
कमिश्नरी
कम्यून
कम्यूनिज़्म
कम्युनिस्ट
कर्नल
कलक्टर
कलर
कलैण्डर
कवर
कांक्रीट
कांस्टेबिल
कार
कार्टून
कार्पेण्टर
किंग
किंगरगार्डन
किक
किचन
किलो
किलोमीटर
किलोवाट
की
कुकर
कुक
कुली
कूलर
केतली
केबिन
केबल

केबलग्राम
कैंसर
कैप
कैप्टेन
कैमरा
कैरम
कैरमबोर्ड
कोको
कोकोनट
कोट
कोर्ट
कोर्ट ऑफ वार्ड्स
कोर्टफीस
कोर्टयार्ड
कोर्टशिप
कोल
कॉइन
कॉटेज
कांफ्रेंस
कॉँस्टीट्यूशन
कॉपर
कॉफ़ी
कॉमन
कॉमनवेल्थ
कॉमरेड
कॉमर्स
कॉमा
कॉर्क
कॉलन
कॉलर
कॉलरा
कॉलिज
क्रिकेट

क्लर्क
क्लास
क्लासफ़ेलो
क्लोरोफ़ार्म
क्लॉथ
क्वीन
गजट
गन
गनी
गर्टर
गाइड
गाउन
गार्जियन
गार्ड
गार्डन
गालेण्ड
गिनी
गुड्स
गुड्सट्रेन
गेट
गेटकीपर
गेटिस
गैलन
गैलरी
गैस
गोल
गोलकीपर
गोल्डेन
गोल्डेनजुबली
गोल्डस्मिथ
गॉड
ग्राम
ग्रामोफ़ोन

ग्रेजुएट
ग्रेट
ग्रेन
ग्रेस
ग्लास
चर्च
चांस
चांसलर
चार्ज
चार्जमैन
चार्जशीट
चिट
चिम्पैंजी
चीप
चीफ़
चेअर
चेअरमैन
चैप्टर
चॉक
चॉकलेट
जंकशन
जज
जजमेण्ट
जर्मन
जर्मनसिल्वर
जस्टिस
जाम
जुलाई
जून
जूनियर
जूस
जेल
जेलर

जॉर्जेट
ज़ेब्रा
टंग
टन
टब
टाइटल
टाइप
टाइप कास्टिंग मशीन
टाइप फ़ाउण्ड्री
टाइप राइटर
टाइपिस्ट
टाइफाइड
टाइम
टाइपपीस
टाई
टाउन
टाउनहॉल
टायर
टारपीडो
टिंचर आयोडीन
टिकट
टिकट कलक्टर
टिन
टिशू
टी
टीचर
टीथ
टी०बी०
टीम
टीशर्ट
टी०सी०
टेनिस
टेप

टेपरिकॉर्डर
टेबल
टेबलक्लॉथ
टेबल टेनिस
टेम्पो
टेरिलिन
टेलिग्राम
टेलिपैथी
टेलिप्रिण्टर
टेलिफोटोग्राफी
टेलिस्कोप
टेलीफोन
टेस्ट
टैंक
टैक्स
टैक्सी
टैस्ट
टैस्टर
टोस्ट
टॉक
ट्यूज़डे
ट्यूटर
ट्यूनिंग
ट्यूब
ट्यूशन
ट्रंक
ट्रककाल
ट्रम्प
ट्रक
ट्रस्ट
ट्रस्टी
ट्रांजिस्टर
ट्रांसफर

ट्राम
ट्रेजेडी
ट्रेज़रर
ट्रज़री
ट्रेड
ट्रेडमार्क
ट्रेडलमशीन
ट्रेन
ट्रेनिंग
ट्रैण्ड
डज़न
डबल
डवलपिंग
डवलमेण्ट
डाइनामाइट
डाइमण्ड
डायरी
डायरेक्टरी
डाक
डांस
डिग्री
डिपार्टमेण्ट
डिप्टी
डिप्लोमा
डिफेंस
डिमाई
डिस्ट्रीब्यूट
डिस्ट्रीब्यूशन
डी०आई०जी०
डी०एस-पी०
डी०फिल०
डीलक्स
डी०लिट०

डेक
डेट
डेटिंग
डेमरेज
डेरी
डेली
डैश
डॉक्टर
ड्रॉअर
डॉग
डॉटपैन
ड्राइवर
ड्राइवर
ड्राइविंग
ड्राइंग
ड्राम
ड्रामा
ड्रेसिंग
थर्ड
थर्मस
थर्मामीटर
पेटीकोट
पेटेण्ट
पेन, पेण्ट
पेपरवेट
पेण्डुलम
पेंशन
पेंस
पेंसिल
पेस्ट
पेस्टिल
पेस्ट्री
पेट्रोल

पैड
पैन
पैण्ट
पैरा
पैराग्राफ़
पैराशूट
पैसिंजर
पोइट
पोइट्री
पोइम
पोप
पोलो
पोस्ट
पोस्ट ऑफिस
पोस्टकार्ड
पोस्टमार्टम
पोस्टमा़टर
पोस्टमैन
पोस्टर
पोस्टलऑर्डर
पॉइण्ट
पॉकेट
पॉजिटिव
पॉपलिन
पॉलिश
पॉलिसी
प्यून
प्यूनबुक
प्यानो
प्योर
प्राइमर
प्राइमरी
प्राइवेट

प्राइवेशी
प्रिंसिपल
प्रूफ़रीडर
प्रेस
प्रेसिडेण्ट
प्रैक्टिस
प्रोटीन
प्रोटेस्टेण्ट
प्रोनोट
प्रोफ़ेसर
प्रो–वाइस चांसलर
प्रॉस
प्लाटून
प्लान
प्लानिंग
प्लास्टर
प्लीडर
प्लेइंग कार्ड
प्लेग
प्लेन
प्लैटिनम
प्लॉट
फ़र्म
फ़ाइन
फ़ाइल
फ़ाउण्टेनपैन
फ़ाउण्ड्री
फ़ादर
फ़ायर
फ़ायरब्रिगेड
फ़ार्म
फ़िट
फ़िटर

फ़िलॉस्फ़र
फ़िलॉसफ़ी
फ़िल्म
फ़ीस
फ़ुट
फ़ुटपाथ
फ़ुटबॉल
फ़ुल
फ़ुलस्टॉप
फ़ेल
फ़ैन
फ़ैशन
फ़ैशनेबल
फोटो
फोनोग्राफ़
फ़ोरमैन
फॉर्म
फ़ॉसफ़ोरस
फ्रॉक
फ्राइडे
फ्राइपैन
फ्रांस
फ्री
फ्रीडम
फ्रेन
फ्रॉक
फ़्लू
फ्लैट
फ़्लोर
बटन
बटनहोल
बम
बस

बस स्टैण्ड
बर्थडे
बर्नर
बल्ब
बस्ट
बाइसिकिल
बाइस्कोप
बारबर
बास्केट
बास्केटबॉल
बिगुल
बिस्किट
बीयर
बी०ए०
बी०एड०
बी०एस–सी
बी०टी०
बीमा
बुक
बुकस्टॉल
बुकपोस्ट
बुलडॉग
बुशर्ट
बूट
बेल
बेसिक
बेसिनपॉट
बैंक
बैंकर
बैग
बैट
बैट्री
बैड

बैडमिण्टन
बैडशीट
बैण्ड
बैरंग
बैरिस्टर
बैल
बैलेंस
बोतल
बोर्ड
बोल्ट
बोल्टेज
बॉक्स
बॉडी
बॉडीगार्ड
बॉयलर
बॉल
बॉस
ब्रश
ब्राउनकोट
ब्राण्डी
ब्रासलेट
ब्रिज
ब्रिटिश
ब्रिटेन
ब्रेक
ब्रेजरी
ब्लाउज
ब्लेड
ब्लैक
ब्लैकमार्केट
ब्लैकमेल
ब्लैकमैजिक
ब्लैकस्मिथ

ब्लॉक
मण्डे
मई
मजिस्टेट
मटन
मटनचॉप
मदर
मनी
मनीऑर्डर
मनीबैग
मलेरिया
मशीन
मशीनगन
मानसून
मार्क
मार्केट
मार्च
मार्शल
मास्टर
मिक्सचर
मिडिल
मिनर
मिनिस्टर
मिण्ट
मिलिटरी
मिशन
मिशनरी
मिस्टर
मिस्ट्रेस
मीटर
मीनू
मूनलाइट
मेजर

मेडिकल
मेडिकल ऑफिसर
मेडिसिन
मेमो
मेमोरियल
मेमोरेण्डम
मेयर
मेल
मेस्मिरिज्म
मैच
मैचबॉक्स
मैजिक
मैजिकआई
मोटर
मोनोग्राम
मॉनिटर
म्यूज़ियम
म्यूनिसिपेलिटी
यंग
यार्ड
यूनिट
यूनियन
यूनिवर्सिटी
यूनीफार्म
यूरेनियम
यूरोप
यूरोपियन
रजिस्टर
रजिस्टर्ड
रजिस्ट्रार
रजिस्ट्रेशन
रजिस्ट्री
रन

रबर
राउण्ड
राशन
रिंग
रिक्शा
रिकॉर्ड
रिक्रूट
रिपोर्ट
रिफिलर
रिवॉल्वर
रिव्यू
रिसर्च
रिसर्च स्कॉलर
रिसीवर
रिस्ट
रिस्टवॉच
रिहर्सल
रीडर
रूफ़
रूम
रूममेट
रूल
रूलर
रेजीमेण्ट
रिकार्ड
रेज़र
रेजीडेण्ट
रेट
रेड
रेडियम
रेडियो
रेफिजरेटर
रेल

रेलवे
रेस
रैड
रैडटेपिज्म
रेफ्री
रेसलर
रेसलिंग
रेस्ट
रेस्टरॉ
रोजमिल्क
रोड
रोडवेज़
रोलर
रोल्डगोल्ड
रॉकेट
रॉसिल्क
लांगक्लॉथ
लाइट
लाइसेंस
लिपस्टिक
लिबरल
लिमिट
लिमिटेड
लिवर
लिस्ट
लीग
लीटर
लीडर
लीथोग्राफ
लेक्चर
लेजिस्लेटिव एसेम्बली
लेट
लेटर

लेटरबॉक्स
लेडी
लेडी डॉक्टर
लेथ
लेफ्टिनेण्ट
लेबर
लेबोरेटरी
लेमन
लेमनजूस
लैड
लेदर
लैण्टर्न
लैम्प
लैवेण्डर
लोअर
लोकल
लोशन
लॉ
लॉक
लॉकर
लॉगबुक
लॉट
लॉटरी
लॉरी
लॉर्ड
वन
वाइसचांसलर
वाच
वाचमैन
वार
वाटर
वाटरकलर
वाटरवर्क्स

वायर
वायलिन
वारण्ट
वार्निश
वाल्व
वाश एण्ड वियर
वाशरमैन
विज़िट
विज़िटर
विण्डो
वीक
वीकली
वेजिटेबल
वेट
वेटर
वेण्टिलेटर
वेस्ट
वेस्टकोट
वेस्टपेपर
बास्केट
वैगन
वैसलीन
वोट
वोटर
वॉक
वॉलण्टियर
वॉलीबाल
शर्ट
शिप
शिपयार्ड
शू
शेम
शेव

शैम्पू
शो
शॉप
सन
सण्डे
समन
सर्जन
साइकल
साइन
साइनबोर्ड
सिगनल
सिगनेचर
सिगरेट
सिगार
सिटी
सितम्बर
सिल्वर
सिल्वट
सिल्वरजुबली
सिस्टर
सीनियर
सीनरी
सुपरफ़ाइन
सुपरमार्केट
सुपरिटेण्डेण्ट
सुप्रीमकोर्ट
सूट
सूप
सेकेण्ड
सेक्रेटरी
सेटरडे
सेंचुरी
सेण्ट

सेण्डिल
सेफ़
सेविंग
सेविंगबैंक
सोडा
सोप
सोफ़ा
सॉनेट
सॉफ्ट
सॉस
स्काउट
स्कीम
स्कूटर
स्कूल
स्केन
स्केल
स्कॉलर
स्क्रू
स्क्वाड्रन
स्कवैयर
स्टाइल
स्टाफ़
स्टाम्प
स्टार
स्टिचिंग
स्टीम
स्टीमर
स्टूडेण्ट
स्टूडियो
स्टूल
स्टेज
स्टेट
स्टैच्यू

स्टैण्डर्ड	हाउस	हैट
स्टैण्डिंग	हारमोनियम	हैण्ड
स्टॉल	हिट	हैण्डलूम
स्टॉव	हिस्टीरिया	हैण्डिल
स्ट्राइक	हट	होटल
स्ट्रीट	हीटर	होमियोपैथी
स्ट्रेट	हील	होल्डर
स्मगलर	हुक	होस्टल
स्मगलिंग	हुर्रा	हॉकी
स्मॉल	हुर्रे	हॉल
स्मॉलपौक्स	हेयर	हॉट
स्लेट	हेयरपिन	हॉस्पीटल
स्कीपर	हेयरसैलून	ह्वाइट
हसबेण्ड	हेडफ़ोन	ह्वाइटपेपर
हाइफ़न	हेडमास्टर	ह्वाइट हाउस
हाईकोर्ट	हेडिंग	ह्वेल
हाईस्कूल	हैंगर	

●●●

अध्याय - दस

उच्चारण सम्बन्धी अशुद्धियाँ

भाषा की वर्तनी का शुद्ध लेखन उसके उच्चारण पर निर्भर करता है। हिन्दी भाषा का लेखन उसके उच्चारण के आधार पर व उसके अनुरूप होता है। हिन्दी ध्वन्यात्मक भाषा है। इसलिए भाषा के शब्दों के शुद्ध उच्चारण पर ध्यान देना बहुत आवश्यक है। प्राय: क्षेत्रीय प्रभाव के कारण या व्याकरण का ज्ञान न होने के कारण अनेक त्रुटियाँ प्रचलित हो गयी हैं, जिनके कारण लोग गलत शब्द लिख जाते हैं। नीचे कुछ प्रमुख प्रचलित शब्दों की त्रुटियाँ और उनके शद्ध रूप लिखे जा रहे हैं, जो निम्नलिखित हैं-

(1) ह्रस्व स्वर के स्थान पर दीर्घ और दीर्घ के स्थान पर ह्रस्व स्वर-

'आ' के स्थान पर 'अ'-

अशुद्ध स्वर	शुद्ध स्वर	अशुद्ध स्वर	शुद्ध स्वर
आधीन	अधीन	आलौकिक	अलौकिक
दावात	दवात	अत्याधिक	अत्यधिक
आजकाल	आजकल	अनाधिकार	अनधिकार
हस्ताक्षेप	हस्तक्षेप	बारात	बरात

अ' - 'आ' -

अहार	आहार	चहिए	चाहिए
नराज	नाराज़	परलौकिक	पारलौकिक
अगमानी	आगामी	परस्परिक	पारस्परिक

'ई' - 'इ' -

अशुद्ध	शुद्ध	अशुद्ध	शुद्ध
मुनी	मुनि	पुष्टी	पुष्टि
कवी	कवि	हानी	हानि
व्यक्ती	व्यक्ति	नदीयाँ	नदियाँ
क्योंकी	क्योंकि	उत्पत्ती	उत्पत्ति
अतिथी	अतिथि	ईधर	इधर
प्राप्ती	प्राप्ति	शक्ती	शक्ति

'इ' - 'ई' -

आर्शिवाद	आशीर्वाद	पिताम्बर	पीताम्बर
निरसता	नीरसता	निरोग	नीरोग
बिमारी	बीमारी	परिक्षा	परीक्षा
दिवाली	दीवाली	दिक्षा	दीक्षा
श्रीमति	श्रीमती	शीक्षा	शिक्षा

'उ' - 'ऊ' -

सुराख	सूराख	मुली	मूली
शुन्य	शून्य	दुर	दूर
पुज्य	पूज्य	पुर्व	पूर्व
सुर्य	सूर्य	दुरियाँ	दूरियाँ

'ऊ' - 'उ' -

मधू	मधु	कृपालू	कृपालु
साधू	साधु	पशू	पशु
पटू	पटु	शिशू	शिशु
प्रभू	प्रभु	धूलाई	धुलाई
दयालू	दयालु	गुरू	गुरु
शुरु	शुरू	आयू	आयु
अनुकुल	अनुकूल	चिरायू	चिरायु

'ए' - 'ऐ' -

अशुद्ध	**शुद्ध**	**अशुद्ध**	**शुद्ध**
एक्य	ऐक्य	एनक	ऐनक

(2) **नासिक्य व्यंजन की अशुद्धियाँ -**

'ङ' - 'ण' -

गँड़ेश	गणेश	गुड़	गुण
गड़ना	गणना	रामायड़	रामायण
टिप्पड़ी	टिप्पणी	शरड़	शरण
रँड़भूमि	रणभूमि	रड़	रण

'न' - 'ण'

आक्रमन	आक्रमण	रामायन	रामायण
किरन	किरण	टिप्पनी	टिप्पणी
निरीक्षन	निरीक्षण	प्रान	प्राण
तृन	तृण	शोनित	शोणित
रनभूमि	रणभूमि	हिरन	हिरण
शरन	शरण	स्मरन	स्मरण

(3) **पंचम अक्षर की अशुद्धियाँ**

अन्ग	अंग/अङ्ग	हिन्सा	हिंसा
कन्व	कण्व	शन्ख	शंख/शङ्ख
झनझट	झंझट	मन्डल	मंडल/मण्डल
दन्डित	दंडित/दण्डित	कन्ठ	कंठ/कण्ठ
मयन्क	मयंक/मयङ्क	कुन्डली	कुंडली/कुण्डली
घन्टा	घंटा/घण्टा	सन्कट	संकट, सङ्कट
पन्क	पंक/पङ्क	सन्शय	संशय
सन्सार	संसार	सून्ढ	सूँड

(4) चन्द्रबिन्दु और अनुस्वार की अशुद्धियाँ

अशुद्ध	शुद्ध	अशुद्ध	शुद्ध
अंगुली	अँगुली	पांचवी	पाँचवाँ
ऊंचा	ऊँचा	बांसुरी	बाँसुरी
कँगन	कंगन	रँक	रंक/रङ्क
आंख	आँख	कँगाल	कंगाल
कँस	कंस	चांद	चाँद
कांच	काँच	जँग	जंग
कँचन	कंचन	दूंगा	दूँगा
गूंगा	गूँगा	पँख	पंख
जहां	जहाँ	रँग	रंग
ठँडा	ठंडा/ठण्ढा	वहां	वहाँ
दांत	दाँत	सँगम	संगम

(5) र, ल, ड़ के उच्चारण में अशुद्धियाँ

अशुद्ध	शुद्ध	अशुद्ध	शुद्ध
उजारना	उजाड़ना	मड़ना	मढ़ना
आढ़ू	आड़ू	टेड़ा	टेढ़ा
चिड़ना	चिढ़ना	प्रौड़ा	प्रौढ़ा
चड़ना	चढ़ना	बूड़ा	बूढ़ा
दृड़	दृढ़	लराई	लड़ाई
पड़ाई	पढ़ाई	फाढ़ना	फाड़ना

(6) 'व' और 'ब' की अशुद्धियाँ -

पूर्ब	पूर्व	भब्य	भव्य
बनस्पति	वनस्पति	बन	वन
बिलास	विलास	बिष	विष
बर्षा	वर्षा	बाणी	वाणी
बैदेही	वैदेही	बृष्टि	वृष्टि

(7) **श, ष तथा 'स' की अशुद्धियाँ** -

'स' - 'श' -

असोक	अशोक	आदर्स	आदर्श
नास	नाश	देस	देश
प्रसंसा	प्रशंसा	विस्वास	विश्वास
सर्म	शर्म	सक्ति	शक्ति
सासन	शासन	सायद	शायद
सूर्पनखा	शूर्पणखा	सम्पूर्न	सम्पूर्ण

'श' - 'स' -

अमावश्या	अमावस्या	शाशन	शासन
शंकट	संकट	नमश्कार	नमस्कार
प्रशाद	प्रसाद	शुषमा	सुषमा
शारांश	सारांश	शुशोभित	सुशोभित

श्, स्,ष् -

कश्ट/कस्ट	कष्ट	पुश्प/पुस्प	पुष्प
भविश्य/भविस्य	भविष्य	रास्ट्र	राष्ट्र

(8) **'ट', ठ सम्बन्धित अशुद्धियाँ** -

अभीष्ठ	अभीष्ट	विशिष्ठ	विशिष्ट
सन्तुष्ठ	सन्तुष्ट	श्लिष्ठ	श्लिष्ट
मिष्ठान्न	मिष्टान्न	घनिष्ट	घनिष्ठ
पृष्ट	पृष्ठ	श्रेष्ट	श्रेष्ठ
निष्टा	निष्ठा	प्रवृष्ठ	प्रविष्ट

(9) **'क्ष' के स्थान पर 'छ' की अशुद्धियाँ** -

कछा	कक्षा	छमा	क्षमा
छुद्र	क्षुद्र	छेम	क्षेम

छेत्र	क्षेत्र	दीछा	दीक्षा
नछत्र	नक्षत्र	लछण	लक्षण
विपछ	विपक्ष	शिक्छा	शिक्षा

(10) 'ऋ' के स्थान पर 'र'

किरपा/क्रपा	कृपा	क्रितज्ञ	कृतज्ञ
क्रिशि	कृषि	ग्रहस्थ	गृहस्थ
ग्रहीत	गृहीत	घ्रणा	घृणा
द्रष्टी	दृष्टि	प्रथक्	पृथक्
भृष्ट	भ्रष्ट	पैत्रिक	पैतृक
मात्रि	मातृ	रिषि	ऋषि
रितु	ऋतु	रिण	ऋण
स्रष्टी	सृष्टि	स्मिरति	स्मृति
श्रंगार	शृंगार	ह्रदय	हृदय

(11) अल्पप्राण - महाप्राण की अशुद्धियाँ

गढ्ढा	गड्ढा	जिव्हा	जिह्वा
पथ्थर	पत्थर	बघ्घी	बग्घी
ब्राम्हण	ब्राह्मण	मख्खन	मक्खन
वृध्दा	वृद्धा	ब्रम्हा	ब्रह्मा

(12) सन्धि सम्बन्धी अशुद्धियाँ

अत्याधिक	अत्यधिक	अत्योक्ति	अत्युक्ति
अनाधिकारी	अनधिकारी	अध्यन	अध्ययन
उपरोक्त	उपर्युक्त	इतिहासिक	ऐतिहासिक
तदोपरान्त	तदुपरान्त	जगतनाथ	जगन्नाथ
निरस	नीरस	मनहर	मनोहर
सन्मान	सम्मान	सन्मुख	सम्मुख
सन्हार	संहार	सम्वाद	संवाद

(13) **प्रत्यय सम्बन्धी अशुद्धियाँ**

आवश्यकीय	आवश्यक	उत्कर्षता	उत्कर्ष
ऐक्यता	ऐक्य	कौशलता	कौशल/कुशलता
चातुर्यता	चातुर्य, चतुरता	निरपराधी	निरपराध
पूज्यनीय	पूजनीय/पुज्य	पौरुषत्व	पौरुष/पुरुषत्व
बुद्धिमानता	बुद्धिमत्ता	महत्व	महत्त्व
महता	महत्ता	माधुर्यता	माधुर्य/मधुरता
मान्यनीय	माननीय/मान्य	साम्यता	साम्य
वैधव्यता	वैधव्य	मानवीयता	मानवता

(14) **'ज्ञ' और 'ग्य' की अशुद्धियाँ** -

आग्या	आज्ञा	कृतग्य	कृतज्ञ
ग्यापन	ज्ञापन	ग्यान	ज्ञान
प्रतिग्या	प्रतिज्ञा	यग्य	यज्ञ
योज्ञ	योग्य	विग्यान	विज्ञान

(15) **'र' के प्रयोग की अशुद्धियाँ** -

अरथ	अर्थ	प्रमात्मा	परमात्मा
करम	कर्म	पवित्तर	पवित्र
कर्मशः	क्रमशः	मूरख	मूर्ख
परसाद	प्रसाद	सौहार्द्र	सौहार्द
परणाम	प्रणाम	समुन्दर	समुद्र
परसिद्ध	प्रसिद्ध	उत्तीरण	उत्तीर्ण
कार्यकर्म	कार्यक्रम	परतिज्ञा	प्रतिज्ञा
चन्दर	चन्द्र	मरयादा	मर्यादा

●●●

उपसंहार

किसी भी भाषा में शब्द भण्डार, उसकी लिपि की वैज्ञानिकता और लिखने में सरलता तथा उसकी वर्तनी के लेखन व प्रयोग की कुशलता से ही उस भाषा का सतत् विकास और प्रभाव विकसित होता है।

हिन्दी भाषा की लिपि एक पूर्ण वैज्ञानिक सुविधाजनक लिपि है, जिसे नागरी या देवनागरी लिपि कहा जाता है। 18वीं शताब्दी में जब गद्य का लेखन होने लगा, तब इसकी वर्तनी व लिपि के मानकीकरण की आवश्यकता हुई। उस समय सभी लेखक व विद्वान् स्वयंसूरमा थे, **'अपनी-अपनी ढपली, अपना-अपना राग'** का बोल-बाला था, जिसके कारण सभी अपने-अपने ढंग से हिन्दी शब्दों की वर्तनी का प्रयोग कर रहे थे। कहने का तात्पर्य 'वर्तनी' लेखन में कोई एकरूपता नहीं थी। सबके अपने-अपने विचार और तर्क थे।

स्वतन्त्रता के कुछ पूर्व, कुछ विद्वानों व लेखकों का ध्यान वर्तनी की एकरूपता स्थिर करने पर गया और यह आवश्यकता महसूस की जाने लगी कि देश की कोई ऐसी भाषा हो, कोई ऐसी वर्तनी निर्धारित हो कि उसे राष्ट्रभाषा का दर्जा मिले। राजभाषा का दर्जा मिलने के बाद हिन्दी वर्तनी के मानकीकरण की आवश्यकता और भी प्रबल हुई। इसके लिए विभिन्न विद्वानों ने पत्र-पत्रिकाओं के माध्यम से इस क्षेत्र में कार्य किये, जिनमें 'सरस्वती' पत्रिका के सम्पादक आचार्य महावीर प्रसाद द्विवेदी, 'हिन्दी व्याकरण' पुस्तक के लेखक आचार्य कामता प्रसाद गुरु, आचार्य रामचन्द्र वर्मा, जैसे विद्वानों ने अलग से 'वर्तनी' विषय पर पुस्तक न लिखकर तथा आचार्य किशोरीदास वाजपेयी ने अलग से पुस्तक लिखकर विभिन्न शब्दों की वर्तनियों पर विचार किया और उसके सुधार के प्रयास किये। बाद में कुछ हिन्दी प्रकाशकों, स्वैच्छिक साहित्यिक संस्थाओं जैसे- अखिल भारतीय हिन्दी प्रकाशक संघ एवं भारतीय हिन्दी परिषद, नागरी प्रचारिणी सभा काशी, कुछ

शैक्षिक संस्थाओं और सरकारी संस्थाओं जैसे- केन्द्रीय हिन्दी निदेशालय, राष्ट्रीय शैक्षिक अनुसन्धान और प्रशिक्षण परिषद आदि ने भी हिन्दी वर्तनी सुधारने तथा एक मानक रूप स्थिर करने के प्रयास किये। किन्तु परिणाम वही रहा 'टाँय-टाँय' फिस्स।

आज तक हिन्दी की मानक वर्तनी का स्वरूप स्थिर नही हो सका है। क्योंकि कोई भी विद्वान् दूसरे का तर्क, सुधार व सुझाव मानने को तैयार नहीं है। हिन्दी प्रकाशक, उनके सम्पादक, कम्पोजिटर व प्रूफ रीडर ने भी सीधी सरल पद्धति अर्थात् जिसे देखने में, लिखने में, कम्पोज करने में सुविधा हो, वही पद्धति अपनानी चाहिए- ऐसी धारणा बना ली है।

हिन्दी के अनेक तथाकथित महान् विद्वान् भी इसी प्रकार की वर्तनी लिख रहे हैं और उनके शिष्य-प्रशिष्य भी उन्हीं का अन्धानुकरण कर रहे हैं। हिन्दी की प्रकृति, उसके व्याकरण आदि की भी पूर्णतः उपेक्षा कर दी जा रही है। इसीलिए प्रायः शब्दों की वर्तनी लिखने में भ्रम की स्थिति बनी ही रह गयी है। 'सम्बन्ध' ठीक है या संबंध, अन्त ठीक है या अंत, टेंशन ठीक है या टेन्सन, 'संस' ठीक है या सन्स या सन्स- इसका निराकरण नहीं हो पा रहा है। फलतः हिन्दी भाषा भ्रष्ट होती जा रही है।

कुछ विद्वानों का यह भी मानना है कि चूँकि हिन्दी भाषा में अरबी-फारसी, अँग्रेजी, तुर्की, फ्रांसीसी पुर्तगाली आदि भाषाओं के शब्द लिये जा रहे हैं, तो उन भाषा-भाषियों के अनुकूल ही हिन्दी भाषा की वर्तनी लिखी जानी चाहिए अन्यथा उनकी समझ में हिन्दी नहीं आयेगी। अर्थात् भाषा में भी तुष्टिकरण की नीति अपनायी जा रही है। परिणाम यह होगा कि हिन्दी भाषा 'हिन्दी' न रहकर 'हिंगलिश' या अन्य किसी नाम से भविष्य में सम्बोधित की जायेगी और हिन्दी का अस्तित्व भाषा-विकास के नाम पर अस्तित्वहीन हो जायेगा। यह बहुत चिन्तनीय स्थिति है।

हिन्दी भाषा में विदेशी शब्दों को भाव-सम्प्रेषण की दृष्टि से ग्रहण करना अच्छा है, किन्तु उसके स्वरूप को ही विदेशी भाषाओं के अनुरूप बदल देना ठीक नहीं है। यह ध्यान में रखना चाहिए।

प्रस्तुत पुस्तक में हिन्दी भाषा, उसके व्याकरण, लिपि और वर्तनी का संक्षिप्त परिचय देते हुए, कुछ पारिभाषिक शब्दों, वर्तनी की व्याख्या, विभिन्न संस्थाओं द्वारा वर्तनी में सुधार के लिए किये गये विभिन्न स्तरों पर सुधार की जानकारी देते हुए '**एक मानक हिन्दी वर्तनी**' लिखने का प्रयास किया गया है।

किसी भी भाषा की वर्तनी को किसी पर जबरन थोपा नहीं जा सकता। यह तो व्यक्ति की प्रयोग सम्बन्धी रुचि और उसके विवेक व इच्छा पर निर्भर है। कोई इस पुस्तक में दी गयी मानक वर्तनी को स्वीकार करेगा या नहीं, यह उसके ऊपर निर्भर करता है। इतना अवश्य है कि इस पुस्तक में दी गयी वर्तनी को अपनाने से बहुत समस्याएँ स्वतः ही हल हो जायेंगी।

इस पुस्तक को लिखने में किसी दुराग्रह या आग्रह का समावेश नहीं है। हाँ, इतना अवश्य है कि जो कुछ भी मुझे ठीक नहीं लगा है, या ठीक व उचित लगा है, अपनी मति के अनुसार मैंने लिखा है। इस लेखन क्रम में मैंने यह भी ध्यान रखा है कि अत्यन्त विख्यात/प्रख्यात होने के बावजूद किसी व्यक्ति की सम्पूर्ण विचारधारा सबको, सर्वत्र स्वीकार्य नहीं हो सकती। समयप्रवाह व काल के अनुसार उसमें गुण-दोष दिखने ही लगते हैं। कोई अन्ध श्रद्धाभक्ति के वशीभूत होकर उनकी देखी-अनदेखी कर जाता है, और कोई यथार्थ ज्ञान की जिज्ञासावश अपने विचारों का प्रकटीकरण कर बैठता है। यह पुस्तक भी इसी दृष्टिकोण से लिखी गयी है न कि स्वयं को सर्वश्रेष्ठ विद्वान् या उद्धत जिज्ञासु बनने की ललक लेकर। आशा है, विद्वत्गण इस पुस्तक का स्वागत करेंगे।

●●●